AF502606

EXAMEN CRITIQUE

DES

NOUVEAUX PROJETS DE LOI

SUR LES

ACCIDENTS DU TRAVAIL

Par M. POAN DE SAPINCOURT.

(Extrait du *Bulletin de la Société industrielle de Rouen*, année 1887.)

ROUEN
Imprimerie de Mme LÉON DESHAYS
Rue des Carmes, 58.

1887

EXAMEN CRITIQUE

DES

NOUVEAUX PROJETS DE LOI

SUR LES

ACCIDENTS DU TRAVAIL

Par M. Poan de Sapincourt.

(Extrait du *Bulletin de la Société industrielle de Rouen*, année 1887.)

Première Partie. — DES PRINCIPES.

Messieurs,

J'ai eu l'honneur de vous communiquer à différentes reprises plusieurs notes concernant la question de réglementation des accidents du travail. Je vous ai soumis une analyse des projets présentés pendant la précédente législature, tels que ceux de MM. Martin-Nadaud, Félix Faure, Peulevey et autres, en y ajoutant les critiques qu'ils avaient soulevées.

J'ai eu également l'occasion, à propos d'un travail que vous avait adressé M. Delacroix, de vous faire remarquer une idée nouvelle qui prenait une place importante au débat, à savoir la classification des accidents en trois groupes : accidents imputables au patron ou à ses mandataires; accidents résultant de la faute même de la victime; accidents dont il est impossible de déterminer la cause et qui n'engagent alors la responsabilité ni de l'employeur ni de l'employé.

A ces rappels, permettez-moi d'ajouter le vote en première lecture, le 23 octobre 1884, d'une loi sur la responsabilité des patrons par la Chambre des Députés, loi née d'une discussion confuse, conséquence fatale d'une étude hâtive et d'un zèle se réclamant plus de la sentimentalité que de la raison.

Le Gouvernement en sentit si bien les défauts qu'il demanda à fournir de son côté un avis, comme c'était d'ailleurs son droit et son devoir dans une question de cette importance.

M. Rouvier, alors ministre du commerce, nomma à cet effet une Commission extra-parlementaire, présidée par M. Tolain, chargée de compulser les nombreux éléments de cette discussion, d'étudier les différentes propositions émises et de faire au Ministre un rapport et un programme qui devaient servir de bases au projet qui serait présenté au nom du Gouvernement.

Les orages politiques, emportant le cabinet Ferry, reléguèrent ensuite dans l'oubli les résultats de la Commission extra-parlementaire, résultats que M. Rouvier déclara d'ailleurs défectueux et qu'il modifia pour en faire un projet plus personnel déposé par lui à la Chambre, le 24 mai 1885. La législature s'accomplit sans qu'on ait eu le temps de reprendre dans une deuxième discussion cette étude depuis si longtemps ajournée, et la loi d'octobre 1884, frappée de caducité, laissa ainsi et heureusement le champ libre à de nouvelles recherches qui ont, nous aimons à le constater, apporté des idées mieux mûries et même originales.

Six projets se trouvent actuellement en présence :

1° Celui du Gouvernement, c'est-à-dire le projet de la Commission extra-parlementaire, déposé par M. Lockroy, ministre du commerce et de l'industrie;

2° Celui de M. Rouvier qui soutient pour son compte personnel les propositions qu'il a présentées comme ministre du commerce;

3° Celui de M. Lagrange, député, qui a purement repris la loi votée en 1884;

4° Celui de MM. Félix Faure, Lyonnais et Siegfried;

5° Celui de MM. le comte de Mun, Freppel, le vicomte de Bélizal, Tellier de Poncheville;

6° Enfin celui de M. Blavier, sénateur.

Avant d'entrer dans le plein du sujet, je dois présenter quelques observations générales qui s'appliquent à tous ces projets : tous les textes, sans exception, laissent dans l'ombre absolue le point de vue préventif. Il semblerait que, pour le législateur, empêcher l'accident est chose de peu d'importance; nous osons avoir une opinion toute différente et il nous paraît que l'absence de cette préoccupation est une lacune regrettable, s'il est vrai qu'il vaut mieux prévenir par hygiène la maladie plutôt que d'attendre sa venue et de songer alors à la guérir.

Quoi qu'il en soit, tous ces projets sont d'accord sur trois principes : reconnaissance d'un risque professionnel, c'est-à-dire d'une responsabilité spéciale à chaque industrie, dérivant d'accidents inhérents à cette industrie; puis nécessité d'une assurance, facultative selon les uns, obligatoire suivant les autres; enfin division des accidents en trois catégories, selon le classement indiqué plus haut.

Nous trouverons justement que ces trois arguments fournissent un moyen commode de grouper les divers éléments de ces nombreuses propositions, d'introduire un peu d'ordre dans tant de contradictions et de complexité, heureux si nous pouvons apporter un petit rayon de jour dans cette confusion d'idées, de principes, de désirs et d'intérêts.

Ces trois points, Messieurs, résument, en effet, le concept actuel du Parlement en cette matière; leur genèse peut se traduire ainsi :

Au regard du progrès constitué par l'introduction de la machine dans l'atelier, l'humanité et la vérité nous obligent à découvrir le triste tableau des accidents qui sont la conséquence de ce perfectionnement. Cette antithèse si éloquemment développée par M. Engel Dollfus, est devenue aujourd'hui une vérité banale : tous l'acceptent. Aussi chacun des auteurs des projets n'a pas manqué d'en faire la pierre angulaire de son argumentation. Il n'y a plus à insister, c'est chose jugée.

Mais l'humanité ne veut pas et ne doit pas rendre la machine seule responsable de tels malheurs, ni accepter cette doctrine que le labeur mécanique a droit à un tribut fatal de sang. Il y a des victimes du progrès; il y a des martyrs de nos besoins et de notre luxe. Il y a des invalides du travail.

Qui donc doit supporter cette charge? N'est-ce pas la première question à résoudre? Doit-on en toute occasion en supporter les charges, par exemple dans le cas de force majeure? Enfin, comme dernier terme de ce problème, nous nous demanderons comment se supporteront les charges.

Ce sont bien là, je crois, sous des espèces plus tangibles, les trois points mis en vedette par le Parlement. C'est ce qu'il convient d'abord de développer.

I. RESPONSABILITÉ. — RISQUE PROFESSIONNEL.

« Dans les usines... ., dit la Commission extra-parlementaire, et par conséquent M. Lockroy, le chef de l'entreprise est *présumé responsable* des accidents survenus dans le travail à ses ouvriers; mais cette présomption cesse, ou bien quand l'accident est arrivé par force majeure ou cas fortuits qui ne peuvent être imputés ni à lui ni aux personnes dont il doit répondre, ou bien que l'accident a pour cause *exclusive* la propre imprudence de la victime. »

C'est déjà ce qu'avait résolu la loi votée en 1884; c'est par suite aussi l'opinion que soutient M. Lagrange.

Voilà donc une déclaration bien nette de présomption légale de faute, c'est-à-dire le renversement de la preuve que vous avez dès l'origine énergiquement repoussée. Ce principe d'ailleurs semble rencontrer aujourd'hui dans le Parlement moins d'adhésion que dans la précédente législature.

« Rendre le patron responsable de la faute de l'ouvrier qu'il emploie cela soulève la conscience. Un cri de justice doit s'élever contre de pareilles théories, rappelle M. Blavier, et il ajoute : « Nous n'hésitons pas à le dire, un semblable projet consacre un tel renversement de toutes notions de droit et d'équité naturelle qu'il ne pourra jamais être accepté par un Parlement français. »

Nous en agréons l'augure; toujours est-il que M. Blavier présente la variante suivante :

« En cas d'accidents ayant occasionné..... etc., tout employeur, maître ou patron sera tenu, *sous peine d'être présumé fautif*, d'avertir, dans le délai de vingt-quatre heures, le juge de paix du canton où l'accident aura eu lieu. »

Ainsi la présomption n'est plus que subordonnée à une négligence ou à une désobéissance à la loi.

De son côté, M. Félix Faure, autrefois champion ardent de la présomption légale de faute, éclairé par le principe du risque professionnel vient actuellement faire cette déclaration inattendue :

« Nous ne discuterons pas, dit-il dans l'exposé des motifs de son projet, si cette interversion des rôles au procès aurait l'efficacité sur laquelle on semble compter; il nous suffit de faire remarquer que cette dérogation aux règles du droit commun pouvait *peut-être* se justifier quand l'ouvrier victime d'un accident par cas fortuit, n'avait aucun recours contre son patron, mais que dans un système où le risque professionnel est mis à la charge de l'employeur il semble inutile d'établir, en outre, contre lui la présomption légale qui est imposée. » Nous verrons plus loin comment M. F. Faure entend ne pas déroger au droit commun. Soulignons en passant ce *peut-être* et notons cette déclaration qui nous paraît un grand argument à notre cause, venant de la part d'un homme qui a été l'adversaire convaincu et militant du droit commun et dont l'influence n'est certainement pas étrangère à l'adoption de la loi de 1884.

Ce premier pas en avant ou en arrière, selon les opinions, semble être une indication d'un juste retour du Parlement vers les principes d'équité que vous avez réclamés. Aussi tout en regrettant les limites étroites où

M. Faure a cru devoir se confiner, nous sommes heureux de lui donner acte d'une déclaration qui fait honneur à sa loyauté bien connue.

M. Faure reproche aussi aux projets précédents de ne donner le bénéfice de la loi qu'aux mines, manufactures..... où il est fait usage d'un outillage mécanique.

« C'est, dit-il, exclure les ouvriers d'état travaillant dans les ateliers sans moteurs mécaniques..... Les ouvriers de ferme où il y a une machine à battre, qu'ils soient ou non employés à cette machine, bénéficieront de la loi; les ouvriers d'une autre ferme qui ne possède pas une machine perfectionnée resteraient sous l'empire de l'ancienne législation bonne pour eux, mauvaise pour les voisins. » Remarque fort judicieuse sur laquelle nous insisterons plus loin.

Quant à M. le comte de Mun, il applique son projet « aux établissements industriels, exploitations agricoles auxquels sont attachés des machines à vapeur ou autres appareils mis en mouvement par des *forces élémentaires*, ainsi qu'aux agents et ouvriers des mines, des compagnies de chemins de fer et des armateurs. » Mais il se prononce énergiquement contre le principe de présomption légale.

Il ne faut pas oublier qu'un des motifs les plus topiques, selon les auteurs des projets, en faveur de la présomption, c'est que les lenteurs actuelles de la procédure et ses complications sont ainsi radicalement écartées et que la situation créée à l'ouvrier par l'accident se trouve immédiatement réglée. Les adversaires ont naturellement pensé aussi à donner satisfaction à ce besoin évident, à ce droit réel de justice facile, et à ce point de vue encore ils diffèrent entre eux :

Pour M. F. Faure, c'est à un tribunal arbitral convoqué et présidé par le juge de paix, composé d'un patron et d'un ouvrier désignés par le Conseil des prud'hommes du canton, s'il y en a, sinon par le Conseil municipal de la commune, que le cas serait soumis.

Pour M. Blavier, le juge de paix est également le magistrat qui devrait procéder à l'enquête, assisté d'un homme spécial; cet auxiliaire, selon les cas, serait l'ingénieur des mines, l'inspecteur du travail des enfants, l'architecte départemental.

Le résultat de l'enquête serait porté dans les quinze jours du dépôt du procès-verbal par le procureur devant le Tribunal civil, s'il y a faute de l'employeur ou de ses agents, et de plus devant le Tribunal correctionnel s'il y a faute lourde. Quant au risque professionnel, il est en dehors de la responsabilité du patron, *il reste à la charge de l'ouvrier*, et, comme nous le verrons plus loin, subsidiairement à la charge de l'Etat, si l'ouvrier est assuré dans les conditions prévues au projet.

M. Rouvier, de son côté, indique comme procédure le jugement comme matières sommaires conformément au titre 24 du livre II du Code de procédure civile. Le risque professionnel, pour lui, serait à la charge du patron qui doit s'en couvrir par une assurance; toutefois l'ouvrier peut y contribuer mais jusqu'à concurrence du paiement de moitié de la prime.

La procédure de M. Rouvier paraît insuffisante à M. le comte de Mun qui donne la préférence à la marche suivante : déclaration à l'ingénieur des mines où à l'ingénieur en chef; enquête; conclusions de l'ingénieur notifiées aux parties quinze jours au plus tard après l'accident; s'il n'y a pas de réclamations, homologation pure et simple de ces conclusions par le Tribunal civil; en cas de contestations, le Tribunal procéderait à une enquête supplémentaire, conduite suivant les circonstances par des personnes désignées par la loi. Le Tribunal jugerait en dernier ressort.

Comme dans le cas précédent le risque professionnel est couvert par une assurance, assurance obligatoire, et participation également obligatoire de l'ouvrier jusqu'à concurrence d'un quart au maximum.

Cet aperçu rapide suffit à montrer que sur le premier point, la responsabilité et la procédure, l'accord est loin de se faire. Un seul fait se dégage nettement, et celui-là il faut désormais le considérer comme acquis à la cause, c'est la reconnaissance d'un risque professionnel. Mais quand on rapproche les textes, on ne tarde pas à voir que même sur cet élément, il y a des différences notables et quelquefois si importantes qu'elles conduisent à des résultats radicalement opposés. Il n'est donc pas indifférent de le définir, car on doit le regarder comme la pierre angulaire de la question, et de ce point de départ la logique et l'équité doivent tirer des conséquences qui porteraient aux applications les erreurs ou les équivoques qu'on aurait laissé subsister.

Définition du risque professionnel.

Voici d'abord l'opinion émise par la Commission extra-parlementaire :

« Il y a dans certains établissements une cause de dangers *permanente, indépendante des mesures de sécurité qui peuvent être prises* et qui tiennent à la nature même de l'industrie qui s'y exerce. C'est ce qu'on appelle le risque professionnel. »

Si la Commission s'en fut tenue à cette formule, ce serait parfait, mais si nous rapprochons cette déclaration de la phrase qui précède immédiatement dans le même rapport, nous trouvons cette confusion immédiate .

« Combien d'accidents se produisent sans qu'il y ait faute ni de la part de l'ouvrier ni de la part du patron! » Jusque-là nous sommes d'accord, mais écoutons la fin, fin insidieuse et bien propre à soulever en pratique bien des difficultés d'appréciations : « C'est une machine qui éclate, dit le rapport, ou bien l'habitude de vivre au milieu des mécanismes en mouvement fait perdre peu à peu à l'ouvrier le sentiment du danger et *il finit par négliger les précautions nécessaires.* »

Eh bien, mais la Commission se met en contradiction avec sa définition si équitable; la négligence de l'ouvrier est en effet une faute et sort alors du risque professionnel, c'est-à-dire de la nomenclature des cas reconnus jusqu'à présent inévitables et inouïs, de ce qu'elle-même appelle la cause permanente de dangers, indépendante des mesures de *prudence* et de sécurité; comme si *négliger les précautions nécessaires* n'était pas la paraphrase d'imprudence!

Et si maintenant de l'exposé des motifs je passe au texte même de la loi, j'y trouve l'article 3 du titre 2 qui ne me laisse aucune illusion :

« Il y a risque professionnel dans les industries où, soit à raison des moteurs, des matières employées ou fabriquées, l'ouvrier est exposé à un accident dans l'exécution de son travail. »

Ainsi il n'y a plus à distinguer le cas fortuit des accidents imputables à la faute, à l'imprudence ou à la négligence. *Tous* les accidents rentreraient donc dans le risque *spécial* puisqu'il suffira qu'il y ait un moteur, une matière en fabrication ou une matière en emploi. Cette généralisation reçoit cependant une correction, car le deuxième paragraphe de l'article décide qu'un règlement d'administration publique déterminera les industries qui comportent le risque professionnel.

Il y a donc là deux tendances contradictoires, l'une qui va à la totalisation des accidents d'une même industrie et l'autre à la limitation du bénéfice de la loi à certaines industries.

La tendance à la totalisation s'affirme avec M. Rouvier qui, reprenant identiquement la même formule, croit bon d'y ajouter : « Soit à raison de l'outillage », de peur sans doute de ne pas atteindre tous les accidents. Comme dans le cas précédent, le texte ne se préoccupe plus de distinguer les cas fortuits ou de force majeure, c'est donc que le risque professionnel comprend tous les accidents, sinon M. Rouvier serait le bienvenu de nous dire comment il comprend ces : *à raison* de l'outillage, *à raison* des moteurs, *à raison* des matières fabriquées, *à raison* des matières employées. Prenons des exemples : l'échelle, la brouette, le wagonnet, le camion, le marteau, le burin, la pelle, etc., font-ils pour lui partie de l'outillage? Le cheval, le pied, le bras, le vent sont-ils pour lui des moteurs? Car il ne dit plus moteurs mécaniques, comme l'a écrit la Commission.

Le bois, le charbon, l'eau, le gaz sont-ils pour lui des matières employées? Un ouvrier se laisse tomber un outil sur le pied, est-ce en raison de l'outillage, est-ce en raison de la matière employée, est-ce en raison de la matière fabriquée? ou bien n'est-ce pas souvent en raison de sa négligence et de sa maladresse? Mais comme on ne parle ni de négligence ni de maladresse dans la loi, soit pour les écarter, soit pour les englober dans le risque, si ce texte est adopté nous pouvons prédire de beaux jours à Messieurs du barreau.

Au moins M. F. Faure nous dit plus franchement :

« Le risque professionnel comprend tous les accidents provenant des cas fortuits ou de force majeure et même ceux qu'on peut imputer à la faute de l'ouvrier. Il n'excepte que le cas où la victime est l'auteur volontaire de l'accident. »

Cette exclusion n'est pas un privilège. Elle est de droit. M. Faure pouvait ne pas nous l'accorder, la loi nous la garantissait. Mais ce que M. Faure ferait bien de nous dire, ce sont les accidents qui ne font pas partie du risque professionnel. Il me semble que sa formule les comprend tous et que nous voilà encore bien loin de « la cause de dangers permanente, indépendante des mesures de sécurité », ce qui n'a pas lieu de nous étonner, car M. Faure, plus logique, mais à notre gré aussi injuste que la Commission, part de cette idée que « la recherche de la faute est, dans la plupart des cas, difficile sinon impossible. »

M. Blavier ne nous donne point son opinion sur ce qu'il faut entendre par le risque professionnel.

M. de Mun, qui, paraît-il, a compris comme nous que du moment qu'on créait un risque spécial, c'est qu'il y avait une distinction virtuellement admise, après avoir reproduit la définition de la Commission extra-parlementaire, sans doute pour mieux expliquer sa pensée, ajoute : « Une explosion se produit, des matières combustibles s'enflamment, une machine à vapeur éclate, *sans qu'on puisse incriminer le chef de l'entreprise ou l'ouvrier, toutes les précautions d'usage ont été prises pour prévenir l'accident, et elles ont été inutiles.* »

Et M. de Mun de s'écrier : « C'est là une innovation heureuse : la théorie du risque professionnel nous semble juste et nous ne ferons aucune difficulté d'en accepter les conséquences. »

Ni nous non plus, si risque professionnel veut dire : ensemble des cas fortuits inexplicables et jusqu'ici inexpliqués, aujourd'hui impossibles à prévenir.

Il semblerait aussi quand on lit le rapport de la Commission extra-parlementaire qu'elle suppose que le risque professionnel est une quantité irréductible. Ce serait évidemment une erreur et un danger. A notre sens, le risque professionnel ne devrait comprendre que ce que justement la Commission a mis dans sa première définition; nous en répétons les termes à dessein : « Les accidents dus à des causes permanentes, indépendantes des mesures de prudence et de sécurité qui peuvent être prises. »

Mais les moyens employés, et tous les jours perfectionnés en raison même de leur expansion, pour éviter les accidents, ont précisément pour but de réduire tous les risques et même le risque professionnel. Tel accident réputé impossible à prévenir, il y a un an, est aujourd'hui facilement écarté grâce à une ingénieuse disposition. Il faudrait être absolument étranger à l'industrie pour ignorer cela et la pratique des associations dites pour prévenir les accidents prouve qu'un progrès important et incessant s'accomplit dans cette voie.

C'est sous le bénéfice de ces observations nécessaires que nous acceptons la définition première de la Commission extra-parlementaire, telle que l'a comprise M. de Mun, telle que nous l'avons limitée plus haut, et non pas celle du texte de loi présentée par elle; et cette définition ainsi amendée paraîtra à tout esprit non prévenu et pratique aussi équitable que féconde.

Conséquences du risque professionnel.

Ce premier point éclairci, quelles doivent être au point de vue de l'humanité, au point de vue du droit, au point de vue de l'équité, les conséquences de la reconnaissance du risque professionnel?

La première, c'est qu'il y a un préjudice causé; et la seconde, c'est que, puisqu'il y a préjudice, il faut une réparation.

Je crois que tout le monde est d'accord sur cette conclusion. Nous l'acceptons, mais nous réservons l'attribution de responsabilité.

Notre opinion ainsi formulée quant au principe, il nous reste à en discuter l'application :

J'ai dit plus haut que la reconnaissance du risque professionnel était la pierre angulaire de l'édifice; j'aurais pu l'appeler aussi la pierre de touche; je m'explique :

D'une part, nous admettons le risque professionnel, plus ou moins grand, selon les industries et selon les dispositions diverses d'une même industrie; nous le disons perfectible, mais en fait nous l'admettons. D'autre part, nous en concluons la nécessité d'une réparation. Mais nous voulons tous, je suppose, que cette réparation soit équitable, et qu'elle donne satisfaction au principe fondamental d'égalité devant la loi, si cher à notre race. Nous demandons tous, je l'espère, que dans une loi sociale réclamée pour faire disparaître une lacune, d'aucuns disent un abus, le privilège soit écarté. C'est là de la logique et de l'équité à la portée de tout le monde. Eh bien, aucun des textes proposés ne peut résister à l'épreuve; vous allez voir le privilège y apparaître et même se tourner contre ceux qu'on a la prétention de protéger.

M. F. Faure qui depuis longtemps étudie la question, et dont nous avons noté la demi-conversion, s'est sans doute lui aussi aperçu que le projet primitif allait à l'encontre du but proposé et il s'en explique très ouvertement dans son exposé des motifs : « L'article 1er de la proposition Lagrange (ancienne loi de 1884), limite l'application de la loi aux usines, fabriques, chantiers, mines et carrières, entreprises de transport, et, en outre, aux autres exploitations de tout genre où il est fait usage d'un outillage à moteur mécanique. Cette disposition exclut du bénéfice de la loi tous les ouvriers d'état travaillant dans les ateliers sans moteur mécanique : les tailleurs d'habits, cordonniers, chapeliers, un atelier de serrurerie, d'ébénisterie où tout se fait à la main, enfin tous les ouvriers agricoles où il n'y a pas de machines à vapeur. »

L'honorable député est encore cette fois dans le bon chemin de l'équité; pourquoi faut-il qu'il s'arrête et que ne pouvant sans doute dépouiller entièrement ses impressions de la première heure, il tire de prémisses si rationnelles des conséquences que nous espérons démontrer injustes et dangereuses?

Aux exemples qu'il nous cite, nous pourrions ajouter mille autres tout aussi frappants : les couvreurs, les maçons, les matelots des navires à voile dont le métier est si périlleux, les terrassiers, les déchargeurs dont chaque jour, à Rouen, nous constatons quelques accidents, etc., ne seront pas protégés, et cependant parmi les dangers qu'ils courent il y a bien place pour le risque professionnel.

L'ouvrière qui se pique de son aiguille et dont le doigt est amputé, celle qui meurt du tétanos ne sont-elles pas, pour M. Lagrange, victimes du risque professionnel? Ne sont-elles pas aussi dignes de sa pitié que la soigneuse d'une machine qui se fait couper une phalange ou pincer un ongle dans un engrenage? Ainsi apparait le privilège en faveur d'une classe d'ouvriers, ceux qui travaillent dans les industries mues par moteur mécanique.

Et par réciprocité, l'exclusion de certaines catégories d'ouvriers ne crée-t-elle pas pour leurs patrons un privilège vis-à-vis des manufacturiers frappés? Ceux-là restent dans le droit commun, et voilà la loi soi-disant socialiste et égalitaire qui crée à la fois des ouvriers privilégiés et des patrons privilégiés! A une classe de travailleurs, elle répond : « *Nescio vos.* » Sur une série d'industries, elle lève un impôt dont elle exempte les autres. Elle va même plus loin : l'ouvrier d'une même industrie, parce que là il y aura une machine à vapeur et qu'ici elle manquera, se verra protégé aujourd'hui et renié demain; et qu'aura-t-il fait pour une telle disgrâce? Il aura changé de patron! Ici quelque soit l'accident qui lui arrive, dû à un outil ou à toute autre cause, même à son imprudence, même à sa négligence, il trouvera réparation parce qu'il y a un moteur, et là quelque funeste que soit son travail, quelque vigilante que soit son attention, parce que ce moteur manquera, il se verra abandonné à son propre secours; il s'en tirera comme il pourra.

Poussons plus loin l'analyse :

La loi s'adresse à tous chefs d'entreprises.....

Or, est chef d'entreprise, est patron, comme elle le désigne encore, tout homme qui loue le travail d'un autre homme.

C'est, je suppose, une définition acceptée.

Alors voici un brave ouvrier qui, plus intelligent, plus sage, plus économe, plus chanceux si vous voulez qu'un camarade, a formé un modeste pécule, et prenant un ou plusieurs apprentis, ouvre un petit atelier et s'établit à son compte.

Voilà un garçon sorti de peine et digne de vos encouragements et de vos félicitations, croyez-vous?

Gardez-vous en bien!

Le malheureux a compté sans la présomption légale :

Un de ses ouvriers se blesse, se tue et le voilà ruiné.

La loi qui le protégeait hier, comme travailleur, est la même qui le punit aujourd'hui de cette ambition de devenir patron à son tour.

Le droit commun n'est donc renversé que pour l'avantage des ouvriers assez incapables ou assez humbles pour ne pas essayer de sortir de leur condition.

C'est là, il faut l'avouer, une étrange manière de comprendre l'émancipation du travailleur et je doute fort que c'est là l'aide qu'il attend d'une loi sociale.

Et puis qui protègera l'ouvrier isolé, qui est à lui-même son propre patron ?

Qui protègera l'ouvrier des sociétés coopératives où il n'y a pas de chefs d'entreprise, à moins qu'on ne se décide à les considérer tous comme chefs d'entreprise ?

L'ouvrier qui voudra bénéficier de la loi Lockroy, de la loi Lagrange, etc.; de par la présomption légale est devenu l'homme lige du patronat.

Singulière conséquence d'une loi que certaine école déclare dirigée contre le patron !

Ainsi, d'une part, voilà des ouvriers exclus du privilège ; voilà des ouvriers frappés d'une charge qui peut les ruiner au premier jour s'ils cherchent à sortir de leur humble condition ; et, d'autre part, voici des ouvriers favorisés, ceux qui travaillent dans les ateliers à moteur.

De ce côté sont des manufacturiers grevés d'un nouvel et ruineux impôt ; de l'autre, voici leurs confrères exempts.

Voilà l'ouvrier menacé dans sa liberté de devenir patron !

La liberté est ambitieuse, Messieurs, sans cela elle ne serait pas la liberté. Un philosophe nous l'a démontré : « Elle est la tendance même à dépasser toute limite, tout rang subordonné, toute condition inférieure. Elle est l'éternelle ambition de l'homme, c'est-à-dire d'un être qui se sent fort pour le progrès. »

Voilà l'ouvrier menacé dans son égalité devant la loi ! Comme si de toute antiquité l'instinct de l'ouvrier français ne le rendait pas ennemi juré des passe-droits :

Nous sommes hommes comme ils sont;
Des membres comme nous ils ont ;
Tout autant souffrir nous pouvons ;
Un aussi grand cœur nous avons.

N'est-ce pas ce que chantaient les Jacques ?

La Commission extra-parlementaire a été un peu moins exclusive ; aux ateliers mûs par des moteurs, elle a ajouté ceux où un accident est possible « à raison des matières fabriquées ou employées ». Mais pourquoi pas tout le monde ?

Elle répond à cette question, dans son exposé des motifs :

« La présomption de responsabilité, dit-elle, n'est mise à la charge du patron que dans les industries où les conditions du travail s'étant modifiées dans le courant de ce siècle, les dangers d'accidents ont considéra-

blement augmenté. A cet effet, le projet ne vise que deux catégories. . .
. . . . »

Avis aux ouvriers couvreurs, maçons, qui se tuent et se blessent comme on se tuait ou blessait il y a cent ans.

Si périlleuses que soient leurs professions, la loi les exclut; leurs dangers n'ont pas augmenté, et puis ils n'emploient pas de moteurs, et il n'y a dans leur travail ni matières dangereuses employées ou fabriquées.

Il s'est cependant trouvé dans la Commission un membre, c'est elle qui veut bien nous le confier, qui a proposé d'étendre la responsabilité à tous les cas où une personne emploie le travail d'autrui :

« Il nous a fait remarquer, dit-elle, qu'une distinction entre la grande et la petite industrie s'explique difficilement. »

« Est-ce que le principe n'est pas le même pour tous, ajoute la Commission? »

L'objection devait nécessairement se produire; elle est trop naturelle, mais :

« La majorité de la Commission, ajoute le rapport, ne s'est pas ralliée à cette proposition. Il ne lui a pas paru nécessaire d'établir dans le projet de loi que la responsabilité du patron doit avoir pour base le contrat de louage d'ouvrage. Cette théorie, bien que soutenue par des esprits très distingués, est loin d'être admise par tous les jurisconsultes. Sans essayer d'appuyer le projet de loi sur un principe encore très discutable, nous n'avons considéré que la distinction du fait qui nous paraitrait rendre son adoption nécessaire, c'est-à-dire la transformation qui s'est opérée dans l'industrie et qui appelle une modification dans la législation; mais c'est seulement là où l'industrie s'est transformée, c'est-à-dire dans les grands établissements et dans les ateliers à moteurs mécaniques que cette modification de la législation est nécessaire. Quant à la petite industrie et à toutes les autres professions qui n'ont pas un caractère industriel et où pourtant on emploie les services d'autrui, il nous paraît inutile et même dangereux de nous en occuper. D'ailleurs les causes de dangers y sont peu nombreux et il n'est pas toujours facile, en cas d'accident, d'établir à qui incombe la responsabilité. »

Nous n'avons pas trop compris par quelle puissance logique la Commission est arrivée à se persuader qu'il était nécessaire d'adopter un principe qu'elle trouve très discutable et de l'appliquer à certaines catégories d'industries.

Remarquez que ces ouvriers ne pourront plus stipuler de clauses spéciales en vue de l'accident, dans leur contrat de louage, et que la loi a ainsi pour autre résultat de les priver d'une partie de leurs droits civils conservés aux autres catégories. Je ne sais si les catégories *privilégiées* sentiront cette humiliation; mais il n'en existe pas moins une grave atteinte à la liberté de l'ouvrier, et en même temps à celle du patron.

Quant au dernier paragraphe de l'alinéa que je viens de citer concernant le peu de dangers de la petite industrie et la facilité constante de décider la responsabilité par enquête, il avance là deux affirmations purement gratuites :

La Commission expliquerait difficilement comment un monteur de transmission se laissant choir d'une échelle et qui est sous l'application de la loi (a raison du moteur) est, dans un cas plus difficile ou plus facile à vérifier que le maçon qui se laisse tomber d'une échelle identique.

Il me paraît inutile, je crois, de multiplier les exemples.

Et puis, les expressions : « Petite industrie et grands établissements, » opposés l'une à l'autre, me laissent, je dois le dire, dans un vague qui me donne certaines inquiétudes, malgré la promesse d'un règlement d'administration publique que me fait l'article 3.

Ainsi, au point de vue du principe, la Commission extra-parlementaire, un peu moins exclusive que M. Lagrange, crée comme lui le privilège, froisse l'équité et amoindrit la liberté de l'employeur et de l'employé.

Cette liberté, Messieurs, qu'ils avaient de contracter pour le louage d'ouvrage, la Commission, je l'ai montré, l'a mutilée pour deux catégories d'industries, et elle entend si bien qu'on ne puisse s'y soustraire, qu'elle prend soin de nous le répéter dans le dernier article de son projet : « Toute convention contraire à la présente loi est nulle de plein droit. »

Rapprochez cette conclusion de l'article 6 du Code civil : « On ne peut déroger par convention particulière aux lois qui intéressent l'ordre public et les bonnes mœurs. » C'est ce qui est aussi imposé par l'article 1133.

Conséquence : la loi des accidents est une loi d'ordre public; or, comme le remarque M. de Courcy, puisqu'elle ne vise que deux catégories : il y aurait deux ordres publics, suivant la profession qu'on suit.

Evidemment la Commission extra-parlementaire, M. Lockroy et M. Lagrange ont fait fausse route.

M. Rouvier, alors ministre du commerce, et M. Félix Faure en avaient-ils eu le pressentiment en n'acceptant pas un programme défectueux? Mais pourquoi se sont-ils attardés en chemin?

La Chambre actuelle, nous l'espérons, comprendra les lacunes et les défauts d'un tel système. Elle n'oubliera pas que la présomption de faute porte une atteinte égale à la liberté du patron et à celle de l'ouvrier qu'elle met en tutelle; nous venons de voir aussi comment elle viole les notions les plus simples d'égalité et de liberté.

D'ailleurs chaque fois qu'on touche à la liberté, on risque fort de heurter l'égalité. Victor Cousin a dit : « La liberté seule est égale à elle-même; il n'est pas possible de concevoir de différence entre le libre arbitre d'un homme et le libre arbitre d'un autre. »

Pourquoi donc créer des catégories privilégiées, libres de contracter, et d'autres marquées d'une incapacité légale?

La Commission extra-parlementaire cherche à se tirer d'affaire par une subtilité : Elle nous dit que si on place le principe de l'indemnité due par le patron à l'ouvrier blessé, dans le contrat de louage d'ouvrage et non dans les articles 1382 et suivants, il n'y aura plus renversement de preuve, parce que, en vertu de contrat de louage, le patron doit protéger son ouvrier même contre l'éventualité de son imprudence, et qu'alors il doit être présumé responsable des accidents.

Nous avons lu avec attention les articles du contrat de louage, nous nous sommes informé auprès de jurisconsultes compétents, et nous nous sommes convaincu qu'aucun article du Code ne crée au patron une telle obligation. Comment la Commission a-t-elle pu penser que depuis si longtemps que l'on torture les articles 1382 et suivants qui ont trait aux délits et quasi-délits, pour en tirer le droit d'une action en responsabilité contre les patrons, le barreau n'aurait pas eu l'intelligence de mettre en œuvre le contrat de louage et de créer une jurisprudence soi-disant plus certaine, basée sur une action contractuelle? A coup sûr le patron doit prendre les précautions nécessaires pour protéger la vie ou la santé de son ouvrier, c'est de l'ordre moral; mais la loi sur le contrat de louage d'ouvrage n'a jamais rendu le patron responsable de la négligence ou de l'imprudence de ceux qu'il a embauchés.

Dans cette appréciation, la Commission a donc fait fausse route, et il faut bien le dire, ce n'est sans doute pas entièrement sur elle qu'il faut rejeter la cause d'une telle erreur : il serait peut-être possible de la deviner dans cette phrase du rapport : « Si d'ailleurs, comme le soutiennent d'excellents esprits, on place dans le contrat de louage....., etc..... »

J'ai recherché naturellement quelles étaient les autorités que la Commission pouvait invoquer en de telles matières, et j'ai supposé qu'elle faisait allusion à deux grands travaux de jurisprudence qui viennent d'être publiés par des hommes à coup sûr éminents sur cette matière toute spéciale. Ces travaux ont, paraît-il, fait grand bruit dans le monde juridique et ils ont soulevé des discussions du plus grand intérêt et provoqué des réponses non moins autorisées et plus conformes à l'équité.

Je ne suivrai pas cette lutte dans ses subtilités techniques, mais j'en dirai un mot, si vous le voulez bien, en traduisant dans notre langue d'hommes pratiques et avec l'aide du simple bon sens les arguments péremptoires qu'on peut opposer à la prétention spécieuse de la Commission.

D'abord, nous l'avons dit, il n'y a pas un mot, un seul mot dans le contrat de louage portant obligation pour le patron de garantir l'ouvrier même contre sa propre imprudence.

Voyons ce que nous disent les parrains de cette opinion:

L'action intentée en vertu des articles 1382 et suivants n'a trait qu'aux dommages causés à autrui. Or, l'ouvrier pour le patron n'est pas autrui, c'est un contractant. Vous prenez avec lui une obligation, vous ne la tenez pas, donc vous devez réparation, à moins que vous ne fassiez preuve de force majeure. C'est le renversement de la preuve. L'ouvrier n'a que faire de l'action délictuelle que lui donnait l'article 1382. Il exerce une action contractuelle.

Voilà dépouillée de tout artifice la théorie qu'on nous oppose.

Nous répondrons : c'est parfait. Mais où donc se trouve l'obligation qui fait la base de votre ingénieux système? Je prends le contrat de louage; encore une fois il n'y a pas un mot de cela. Et remarquez que le législateur,quand il a voulu stipuler une garantie, l'a parfaitement définie, comme dans la section qui regarde les voituriers, comme dans l'article qui rend le patron responsable du fait de ses agents.

Mais on prétend que la garantie du patron est virtuellement comprise dans le contrat de louage; c'est une appréciation, c'est une affirmation. Eh bien, mais elles n'ont ni plus ni moins de valeur que l'appréciation, que l'affirmation opposées. Oui, nous réplique-t-on; cependant notre affirmation découle de l'intention du législateur. Voyez l'article 1315, 2e paragraphe; j'y cours et je trouve littéralement : « Celui qui se prétend libéré doit justifier le paiement ou le fait qui a produit l'extinction de son obligation. »

Je reste interloqué et je m'empresse de remonter à la tête du chapitre, car je vois là le mot paiement qui me paraît étranger à la question que nous agitons, et, en effet, le chapitre a pour titre : de la preuve des obligations et de celle de paiement. Nous procédons donc par analogie? c'est assez dangereux, mais voyons : l'article 1315 que vous invoquez, a encore un premier paragraphe que je transcris aussi : « Celui qui réclame l'exécution d'une obligation doit la prouver »; puis vient le deuxième paragraphe : « Et réciproquement....., etc..... »

Eh bien! mais sur ce point, l'analogie, si je l'accepte, vous perd; vous réclamez du patron l'exécution de son obligation; alors prouvez-la, en vertu du premier paragraphe de l'article 1315 que vous invoquez. Remarquez bien qu'il s'agit dans l'article 1315 du deuxième paragraphe du paiement d'une créance et que tout y est parfaitement équitable! En effet, premier cas : je réclame un paiement, l'exécution d'une obligation; à moi de prouver que la dette est vraie. Deuxième cas : je prétends que j'ai payé, à moi de justifier ma libération. Mais encore une fois où donc est l'obligation pour le patron de garantir son ouvrier même contre sa propre imprudence?

On se rejette aussi sur l'article 1784; voyons l'article 1784 : Ah! celui-là est dans le contrat de louage; me voilà moins méfiant : « Ils (les voituriers) sont responsables de la perte et des avaries des choses qui leur sont confiées, à moins qu'ils ne prouvent qu'elles ont été perdues ou avariées par cas fortuit ou force majeure.

Vous, Messieurs, qui êtes accoutumés au langage scientifique précis et aux analogies qui frappent la raison, vous vous trouvez peut-être embarrassés. Voilà la clef de l'énigme : A la place de *voituriers*, mettez *patrons*; à la place de *perte*, mettez *mort;* remplacez ensuite *avaries* par *blessures, contusions, accidents; choses* par *ouvriers; confiées* par *qu'ils emploient*, et vous obtenez facilement :

« Les patrons sont responsables de la mort et des blessures, contusions, accidents, etc., des ouvriers qu'ils emploient, à moins qu'ils ne prouvent qu'ils sont morts ou blessés par cas fortuit ou par force majeure. »

Ce n'est pas plus difficile que cela!

Sans compter que l'ouvrier, un homme libre, dont la liberté a coûté une telle dépense d'intelligence, de patience et de sang, se trouve par là assimilé à l'esclave antique, rangé au rang des choses qu'on peut avarier ou perdre!

Ainsi quand il s'agit de choses, de colis, le législateur a pris la peine de faire une clause spéciale, et pour des hommes, à quoi bon! n'est-ce pas? Singulière manière de raisonner pour des réformateurs qui demandent une protection de l'ouvrier et la réclame au nom de l'humanité, du progrès et de la dignité humaine!

Enfin admettons que nous voulions vous suivre dans cette assimilation; mais la chose confiée, est, de par son inertie, incapable de prendre

des précautions, elle ne peut être ni imprudente ni négligente; son propriétaire ne veille plus sur elle. Le voiturier qui l'a en dépôt, seul peut et doit la préserver, et la conserver saine et sauve; et s'il lui arrive des avaries, il est de bon sens qu'il y a présomption contre la négligence du dépositaire.

La loi est donc équitable dans ce cas et ne choque pas la raison. Mais l'ouvrier ! une chose ! un colis ! aussi je ne vous étonnerai pas, Messieurs, en disant que la cour de cassation a repoussé également une aussi étrange prétention.

L'intention du législateur dans le louage d'ouvrage ne peut donc être virtuelle et elle l'est si peu qu'il a eu l'occasion de rendre le patron responsable pour d'autres accidents. L'article 1797 ne dit-il pas : «L'entrepreneur répond du fait des personnes qu'il emploie... ? » Ainsi, un ouvrier blesse un camarade ou une personne quelconque, cette personne a droit d'appeler le patron en responsabilité, ce qui est d'ailleurs conforme à l'article 1,384 qui nous rend tous responsables du fait des gens que nous employons.

Messieurs, je vous demande pardon de toutes ces citations, mais pour une fois que nous marchons sur les plates-bandes de MM. les Avocats, ils auront la grâce de ne pas s'en fâcher, ils usent je pense souvent de la réciproque, eux que leur profession appelle à parler si bien *de omni re scibile et.... quibus dans aliis.* Eh puis la question nous touche d'assez près pour que nous fassions ce petit effort.

MM. les inventeurs de la présomption légale virtuellement comprise dans le contrat de louage sont-ils bien sûrs que, si un ouvrier, abandonnant la voie actuellement d'usage de l'action délictuelle en vertu de l'article 1,382 et suivants adoptait une action contractuelle basée sur le contrat de louage, il serait admis par un tribunal quelconque pour sa prétention quant à la présomption de faute ? Apparemment non, puisque la cour de cassation a tranché dans le sens contraire, en se basant justement sur ce que le législateur n'a pas voulu assimiler les personnes aux colis.

Le plus joli c'est qu'on va plus loin; on prétend que ce sont les tribunaux, la cour de cassation, le barreau, enfin toutes les générations de jurisconsultes qui depuis un siècle se sont succédées, qui ont fait fausse route, que l'ouvrier n'a même pas le droit de se servir des articles 1,382 et suivants, qu'il n'a pas le choix entre l'action délictuelle et l'action contractuelle. Cela paraît surprenant; mais je vais vous mettre en main un nouveau fil conducteur; suivez-moi sans crainte :

L'article 1,382 dit : « tout fait quelconque de l'homme qui cause à autrui un dommage, oblige celui par la faute duquel il est arrivé à le réparer. »

Nous, qui ne sommes pas des adeptes, nous pensons avec le sens commun que le législateur par *homme* entend désigner toute espèce de citoyen et que par le mot *autrui*, il a voulu mettre un synonyme, évitant ainsi la répétition. Autrui opposé à homme, veut évidemment dire un autre humain. Eh bien, il paraît que nous nous trompons, il est vrai que nous nous trompons en bonne compagnie, avec les interprétateurs du code depuis cent ans.

L'ouvrier pour le patron ne serait pas autrui, mais la deuxième partie intervenant au contrat et alors l'article 1,382 n'est pas si général que nous le pensions, l'ouvrier en est exclus. Ce pauvre ouvrier n'a vraiment pas de chance avec ses intrépides défenseurs ; ils lui ferment toutes les portes ! mais vont-ils fermer aussi la porte au parquet ? car si l'action contractuelle exclut l'action délictuelle, M. le Procureur verrait donc décliner son action quand, en vertu des articles 319 et 320 du code pénal, il poursuit aujourd'hui les patrons coupables d'une maladresse, d'une imprudence, d'une inattention, d'une négligence ou d'une inobservation des règlements qui aura entraîné la mort ou une blessure? mais la théorie nouvelle ne saurait être légitime dans ce cas ; on n'exclut pas l'action publique, car si la liberté contractuelle peut convenir de toutes obligations, elle est limitée aux conditions des bonnes mœurs et à l'ordre public.

M. de Courcy, que j'aurai à citer encore et qui a si bien mis ces conséquences en lumière, a montré aussi que, si par une réciprocité que ne peuvent nous reprocher les auteurs, nous appliquons au mot *homme* de l'article 1,382 une intention, nous dirions : le législateur a mis homme au singulier voulant désigner l'auteur personnel du dommage, alors l'article 1,382 ne s'appliquerait pas aux Sociétés anonymes, à la grande industrie, des mines, des forges, des chemins de fer, aux grandes compagnies de construction, car elles ne commettent pas de fautes personnelles.

Eh bien, qu'un accident arrive demain, qu'une enquête en décide les circonstances et l'auteur, qui empêchera la partie lésée de citer directement l'agent de la compagnie, l'*homme* qui a causé le dommage en vertu de l'article 1,382 et d'appeler en garantie la Compagnie en vertu de l'article 1,384 ? En quoi le soi-disant contrat tacite entre le patron et l'ouvrier exclura-t-il l'article 1,382 ? La cause de l'obligation est illicite, dit l'article 1,133, quand elle est prohibée par la loi; ce n'est pas ici le cas; quand elle est contraire aux bonnes mœurs ou à l'ordre public; ce n'est pas davantage le lieu. En dehors de ces exceptions tout est permis, et par conséquent, à moins de conditions contraires stipulées formellement au contrat de louage, il m'est permis à moi ouvrier de me servir de l'article 1,382.

Un membre de la Commission, c'est encore le rapport qui nous le dit, a émis cet avis que la solution de la question est surtout dans les mesures de précaution à imposer aux industriels pour prévenir les accidents.....; le patron justifierait avoir fait tout ce qu'il est possible de faire pour garantir ses ouvriers, sa responsabilité serait couverte; de cette manière, ajoute le rapporteur, le patron qui fait son devoir, celui qui veille à ce que ses ateliers présentent toutes les conditions de sécurité désirables ne se trouverait pas devant la loi dans la même situation que le patron négligent et coupable.

L'honorable membre paraît avoir mis le doigt sur une des plaies que le projet présente, et avoir senti toute l'injustice de la présomption qui frappe du même coup le coupable et l'innocent, le négligent et le vigilant.

Mais la majorité de la Commission n'a pas cru devoir entrer dans cette voie. Pourquoi? Parce qu'on ne parviendra pas, dit-elle, à empêcher les accidents, que le remède est alors insuffisant et qu'une enquête est *dangereuse* à cause de l'incompétance et de la partialité qu'on peut y rencontrer. Ce n'est pas nous qui le disons, c'est la Commission. La Commission voudra bien nous faire comprendre comment l'enquête dangereuse, incompétente et partiale quand il s'agit d'attribuer la responsabilité, sera sûre, capable et désintéressée quand il s'agira de témoigner en faveur du patron qui invoquera la faute *exclusive* de l'ouvrier? Pense-t-elle aussi avoir trouvé un remède suffisant à la situation de *tous* les ouvriers blessés dans leur travail? Évidemment non, puisqu'il y a des catégories exclues. Nous admettons fort bien que la Commission, engagée dans la voie de la théorie de l'action contractuelle, repousse le système préventif, dont un des mobiles est une idée de charité, le souci du mal d'autrui; car nous avons vu que pour l'hypothèse de la présomption tirée du contrat de louage, l'ouvrier n'est pas autrui. C'est un contractant qui stipule le tarif de son sang et de sa vie.

La Commission est donc très logique dans cette conséquence, mais elle paraît oublier ce grand principe d'altruisme que depuis tant de générations les bons cœurs ont suivi sous le nom d'humanité et que depuis 18 siècles le monde respecte sous le nom de fraternité.

Laissons donc la Commission extra-parlementaire, les défenseurs de la théorie de l'action contractuelle aux sophismes qu'ils présentent en faveur d'une cause que ne soutiennent ni l'équité ni la jurisprudence, ni le droit, ni la raison, ni l'humanité. Nous avons repoussé le régime de la présomption légale; après ce nouvel examen, nous le repoussons encore avec plus d'énergie et plus de conviction que jamais.

Et maintenant qu'on ne vienne pas nous proposer, pour donner satisfaction au principe d'égalité que le législateur a inscrit en tête de nos codes, d'étendre la présomption légale à tout employeur et, par suite, couvrir tout employé; car si nous ne tombions cette fois dans l'absurde, dans l'impraticable, nous rencontrerions certainement le grotesque.

Car qui dans la vie n'est pas loueur d'ouvrage?

C'est un jardinier, c'est un ramoneur, c'est un frotteur, le vitrier que nous appelons, le tonnelier qui met notre vin en bouteille; il n'est pas jusqu'au balayeur qui nettoie notre trottoir moyennant un petit salaire, qui, de par le contrat de louage, joint à la présomption que la nouvelle théorie a décidé qu'il comporte, deviendraient les fragiles colis que voituriers infortunés nous devrions garantir. De par la nouvelle théorie nous voilà tous assureurs d'accident, sans le savoir.

Mon jardinier se met une épine dans le doigt. Risque professionnel, je suis présumé coupable!

Ma cuisinière gourmande se trompe de bouteille en cherchant à s'offrir, à mon insu, une douce récompense à ses œuvres brûlantes. Risque professionnel, on va verbaliser contre le maître, je suis responsable *ipso facto*. Le pharmacien dévoué dont le gracieux sourire sait adoucir l'amertume qu'il nous sert dans ses jolis flacons si artistement enrobés, les commerçants de toutes choses qui, derrière leurs comptoirs, rêvent à cette médiocrité dorée que chante le poète et que leur promet leur honnête et tranquille labeur, vont-ils donc voir à jamais leur existence empoisonnée? Une épée de Damoclès sera désormais suspendue sur leurs têtes; la moindre maladresse d'un commis en rompra le fil délicat que le contrat de louage d'ouvrage et la présomption de faute ont malignement ouvré.

Un propriétaire confie la direction, la surveillance d'une construction à un architecte. C'est là un contrat de louage d'ouvrage, et souvent ce travail est périlleux; l'homme de l'art visite à son heure et à sa guise telle ou telle partie du bâtiment, grimpe aux échelles, monte sur les échafauds et sur le toit. L'obligation du propriétaire sera de veiller à la sûreté de son architecte, de le guider, de l'avertir du danger, de s'assurer qu'il ne court aucun risque, car il est garant pour toutes les visites. Le testateur malade qui mande son notaire, contracte avec celui-ci pendant la consultation un louage d'ouvrage. Il s'obligera donc virtuellement à le protéger contre les risques de la contagion, il est contractuellement, pendant la visite, garant de sa sécurité, et, comme le dit M. de Courcy, « le malade qui engage les services d'un médecin s'oblige à le guider, à le protéger, à le défendre contre les risques de tout genre, y compris les affolements du dévouement ». Ce n'est pas sérieux, va-t-on me dire; eh bien, revenons au côté sévère et disons que c'est justement parce qu'on ne saurait indiquer les limites du juste, du possible dans les risques de chaque profession et de chaque industrie; parce que toute exclusion crée un privilège, qu'au nom de l'équité nous repoussons la présomption de faute à quelque titre que ce soit, même lorsqu'elle ne devient, comme le demande M. Blavier, qu'une sanction contre la négligence, subsidiaire d'une non déclaration de l'accident. La peine, en effet, dans ce dernier cas, serait bien lourde pour une telle faute, et, de toute façon, ce serait encore la porte ouverte aux privilèges que nous avons signalés. Donc nous repoussons à ce point de vue les projets Lockroy, Lagrange et Blavier.

Accepterons-nous davantage les autres?

Voici M. Félix Faure qui nous a dit plus haut ses doutes sur l'efficacité de la présomption légale, car il avoue qu'elle peut *peut-être* se justifier dans un système où le risque professionnel n'incombe pas au travailleur. M. Faure, nous l'avons remarqué aussi, avec son instinct de démocrate et son esprit libéral, a bien soupçonné le privilège et l'a en partie dénoncé; on s'attend alors à voir son projet renverser de fond en comble le vieil édifice qu'il a élevé autrefois avec M. Alfred Girard, aussi est-on quelque peu étonné quand on constate qu'il recule au premier pas et qu'il admet la présomption, mauvaise pour les autres cas, excellente pour le risque professionnel.

Retenez bien, Messieurs, que d'après la Commission extra-parlementaire, le risque professionnel, c'est le cas fortuit, la *cause permanente, indépendante de toutes les mesures de prudence et de sécurité.* Et c'est pour ce cas que la présomption de faute subsisterait? mais il me semble que c'est le contraire qui devrait arriver. Eh oui, j'entends M. Faure qui me réplique : vous me faites dire ce que je n'ai pas dit, je suis plus logique que cela. C'est bien vrai; M. Félix Faure, vous vous en souvenez, Messieurs, a compris dans le risque professionnel *tous* les accidents, même ceux dus à la négligence de la victime, et les affirme tous charges de l'entreprise. J'accorde donc que M. Faure est logique, mais il est logiquement injuste; sa définition du risque professionnel sortant de l'équité et du grand principe d'égalité devant la loi, nous l'avons prouvé, le conduit naturellement a des conséquences inacceptables.

Voyons le projet de M. Rouvier :

Nous y retrouvons la même définition que celle du projet Lockroy et comme dans ce dernier, nous rencontrons un correctif dont j'ai déjà parlé. « Un règlement d'administration publique déterminera les industries qui seraient considérées comme présentant un risque professionnel. » Or, comme il s'agit, d'après l'article 1, des industries qui, soit à raison de l'outillage, soit à raison des moteurs, soit à raison des matières *employées* ou *fabriquées*, l'ouvrier est exposé à un accident, nous pouvons, avec M. de Courcy « plaindre le conseil d'Etat qui devra se livrer à cette besogne en choisissant dans l'interminable liste des industries patentées. Il y a tous les jours des procédés nouveaux et la liste sera close. Les ouvriers non portés sur la liste qui éprouveront des accidents se plaindront amèrement. » Nous n'insistons plus, c'est toujours le privilège.

Reste le projet de M. le comte de Mun, qui se sépare en principe de tous les autres en ce sens qu'il se place au point de vue du régime corporatif qu'il oppose au système individualiste dont se réclament les autres propositions.

Eh bien, sur ce point, M. de Mun ne nous donne pas non plus satisfaction, puisque, comme nous l'avons indiqué plus haut, son projet ne nous parle que des ouvriers et employés « des établissements industriels, fabriques, chantiers, mines et carrières, manufactures et exploitations agricoles auxquels sont *attachés* des machines à vapeur ou autre appareil mis en mouvement par des *forces élémentaires*, ainsi que des ouvriers ou agents au service des Compagnies de chemins de fer ou des armateurs. »

Une partie des observations précédentes subsiste donc, sauf ce qui concerne la présomption, que M. de Mun n'admet pas, sauf ce qui concerne la définition du risque professionnel, que M. de Mun comprend comme nous. Mais les mots *forces élémentaires* ne sont-ils pas encore gros de déboires ? Le vent est-il une force élémentaire pour M. de Mun ? Le vent qui pousse la voile et celui qui meut le moulin et le panémone sont-ils également forces élémentaires? Le pied de l'homme sur la pédale du rémouleur, du tourneur, de l'ouvrière à la machine à coudre, est-il force élémentaire ? Mais dans ce dernier cas une question s'impose : le confectionneur est-il un industriel ou un commerçant ? La question n'est pas oiseuse quand on sait ce qu'a fait noircir de papier l'équivoque laissée par la loi de 1874 sur la définition des industries et des manufactures, définition qu'elle avait négligée. On ne pense pas à tout et l'article 1er du projet de Mun ne nous parle pas de commerçants.

Le cheval traînant une voiture est-il une force élémentaire ? Le même cheval conduisant un manège est-il force élémentaire ? Le bras humain qui manœuvre tant de choses est-il force élémentaire ? Le sera-t-il chez le manufacturier, et pas chez le maçon, par exemple ?

Nous faudra-t-il donc aussi recourir au conseil d'Etat pour cataloguer tous ces cas et allons nous encore nous débattre dans la confusion et le privilège ?

Résumons-nous d'un mot en disant que le risque professionnel est une quantité sociale indéniable, mais que toutes les formules proposées, soit pour le définir, soit pour en faire attribution, sont injustes ou défectueuses et souvent antilibérales. Nous reviendrons, à la fin de ce travail, sur ce que nous accepterions nous-mêmes, mais pour arrêter et justifier entièrement notre pensée à cet égard il y a lieu de développer d'abord les autres points en discussion. Toutefois comme cette 1re partie répond à la question de principe de responsabilité, nous ne la terminerons pas sans avoir examiné par qui doit se réparer l'accident.

II. — RÉPARTITION DES ACCIDENTS.

On a vu qu'une idée nouvelle s'était imposée; distinguer les cas d'accidents, et l'on a proposé :

1° Cas de faute du patron; 2° Cas de faute de l'ouvrier; 3° Cas fortuit ou de force majeure; ce que nous disons risque professionnel.

Je demande à introduire une subdivision utile et juste : un ouvrier blesse par sa faute ou sa négligence, son voisin, ou bien un ouvrier dans les mêmes circonstances se blesse lui-même.

Dans le premier cas, l'ouvrier blessé, en vertu du droit peut attaquer l'auteur de l'accident et appeler en garantie le patron qui répond du fait des gens qu'il emploie.

Dans le deuxième cas, l'ouvrier est victime de sa propre faute.

Aussi je demande la subdivision en deux catégories : accidents dont la victime est l'auteur et accidents dont l'auteur est un ouvrier, ce que par une analogie que je suppose justifiée j'assimilerai au risque de voisinage. La distinction aura surtout son utilité dans la deuxième partie de ce rapport quand nous parlerons des assurances.

Ainsi je m'arrête à quatre cas : 1° Faute du patron; 2° Faute de la victime; 3° Faute d'un camarade; 4° Cas fortuit et de force majeure.

III. — DISTINCTION DES RESPONSABILITÉS.

1° Faute du patron.

La réponse est simple, c'est à lui qu'incombe la responsabilité de sa faute, la loi l'y oblige déjà. Nous demandons même, comme tout le monde, que l'action de l'ouvrier, ou contractuelle, ou délictuelle, (cela nous est égal, nous ne discuterons pas), lui soit facilitée par une procédure sommaire et un jugement immédiat; mais pas de présomption. Que la procédure assure une garantie égale au patron et à l'ouvrier, nous ne réclamons pas davantage, mais, par exemple, ce que nous n'acceptons pas, ce sont des intolérances telles que celles de l'article 1er du projet de la Commission qui admet que le patron est coupable à moins que l'accident ait pour cause *exclusive* la propre imprudence de la victime.

Souvent, quand le patron est en faute, il peut y avoir circonstances atténuantes et entre autres une propre négligence de la victime; alors le tribunal arbitrant les responsabilités modère les dommages-intérêts, ce qui semble assez juste. Mais pour la Commission, pour peu que le patron ne soit pas exclusivement étranger à la faute, même si elle retombe presque entièrement sur l'ouvrier, le tribunal n'a plus à compenser; toute la responsabilité incombe au patron. Et vous voyez facilement la situation du patron en cas d'imprudence avérée de son ouvrier; selon la Commission il faudra encore qu'il prouve que cette faute est la cause exclusive de l'accident. Si je me souviens que le rapport n'admet la facilité d'établir la responsabilité que pour la petite industrie et que c'est un motif qu'elle allègue pour l'exclure du bénéfice de la loi, je suis bien obligé de conclure qu'elle a par ce petit adjectif créé une charge peu équitable pour le patron. La Commission a d'ailleurs transcrit ce mot du texte de loi voté en première lecture en 1884. Il est regrettable qu'elle n'ait pas cru devoir justifier une telle aggravation.

2° Faute de la victime.

Mais si l'ouvrier est victime de sa propre faute, le stricte équité semblerait décider, n'est-ce pas, qu'il soit déchu de tout droit *légal*, je ne dis pas de tout droit *moral*, à une réparation de la part de l'employeur.

Vous avez retenu que ce n'est pas l'avis de M. F. Faure qui a mis ce cas dans le risque professionnel.

Même avis de MM. Lockroy, Lagrange et Rouvier.

Mais M. Blavier qui dans son esposé des motifs à analysé avec un sentiment d'impartialité évident, une haute distinction et une grande précision, les arguments divers, recueillant tantôt à droite, tantôt à gauche les idées qui lui paraissaient justes, differt radicalement. Pour l'honorable sénateur, le patron, s'il y a faute légère, serait passible d'une action civile, et, s'il y a faute lourde, d'une action correctionnelle. Quant à l'ouvrier fautif il n'aurait rien à réclamer à l'employeur. Un autre moyen de réparation que nous examinerons plus loin lui serait offert.

C'est aussi la manière de voir en tant que principe de M. de Mun, c'est aussi la nôtre : qu'on nous laisse toutefois exprimer le désir que pour les fautes légères de l'ouvrier, au nom de l'humanité, mais au nom de l'humanité seulement, soit dans une certaine mesure admise au bénéfice de la réparation patronale et encore dans ce cas, la récidive répétée d'une même faute et chez le même patron devrait être exclusive de toute indemnité, sauf le cas d'assurance qui sera traité plus loin. En fait n'est-ce pas ainsi que les choses se passent le plus ordinairement, grâce au bon cœur du patron ? La loi ne ferait donc que consacrer ce qu'un généreux usage a établi, si tant est que la loi doive substituer l'initiative privée et qu'il vous faille effacer de notre cœur un sentiment de devoir moral toujours extensible pour inscrire dans notre mémoire le libellé sec, précis et fermé d'un article du code.

3° *Faute d'un camarade.*

Je suppose que l'équité ne peut faire retomber la réparation sur le patron correctionnellement parlant. Les articles 1,382 et suivants et l'article 1797 le rendent civilement responsable; ce n'est pas douteux. Nous retiendrons cela pour l'application au régime d'assurances.

4° *Cas fortuit ou de force majeure.*

C'est le risque professionnel. Ici nous nous trouvons encore vis-à-vis d'opinions radicalement opposées, ce qui ne peut nous étonner, si nous avons égard aux divers points de départ.

Selon les uns, c'est une charge de l'entreprise. Selon les autres, c'est un risque de la profession librement accepté par l'employé, et alors les premiers concluent radicalement : tant pis pour le patron ! et les seconds : tant pis pour l'ouvrier !

Cela est-il bien vrai dans l'un ou l'autre cas ?

Nous ne le croyons pas. Car mettre le risque professionnel à la charge de l'entreprise, n'est-ce pas l'assimiler aux risques qui doivent, comme l'incendie et la foudre, rester, cela est hors de doute, à sa charge ? Le patron, dans ces cas, n'est pas vis-à-vis du fait un chef d'entreprise, c'est un simple propriétaire qui court un risque commun à tous les mortels, et ce risque, qu'on le remarque bien, est un risque de choses à lui appartenant; c'est un risque où l'ouvrier n'a rien à voir, quoiqu'il puisse souvent par sa négligence être cause d'un incendie, mais ce risque ne l'atteint pas dans sa personne ni dans sa chose et ne dépend pas nécessairement de sa profession.

Mais qu'une chaudière éclate, par exemple, c'est le patron d'une part qui directement entre en cause, parce que c'est lui qui, en tant qu'entrepreneur, a voulu cette chaudière et a embauché l'ouvrier. C'est une nécessité de l'entreprise. Donc risque professionnel pour le patron. D'autre part, le chauffeur sait très bien que son métier l'expose à un tel événement. Donc risque professionnel pour l'ouvrier.

Le cas fortuit constituant le risque professionnel est alors, à notre sens, un risque professionnel qui résulte aussi bien de la profession librement prise par l'employeur que du métier librement adopté par l'employé. Ils en sont solidaires. Pourquoi alors mettre toute la réparation à la charge du premier ?

Si l'on me dit : parce que le premier seul peut le faire, je répondrai : soit, s'il n'y a pas moyen de s'en tirer autrement, mais nous trouverons un remède équitable.

Nous avons contre nous M. F. Faure qui met tout à la charge de l'entreprise, mais cette fois nous avons l'honneur de nous rencontrer avec la Commission extra-parlementaire et par conséquent avec M. Lockroy. M. Rouvier partage le même avis que M. de Mun. M. Blavier va plus loin que nous, il va même à l'opposé, en demandant que tout le risque soit porté par les ouvriers, mais il a un correctif qui me paraît dangereux; à défaut de l'ouvrier, s'il est assuré par l'Etat, c'est l'Etat qui paierait.

Messieurs, il ne faut pas qu'il reste d'équivoque dans ce débat. Il est donc nécessaire que j'explique pourquoi j'admets subsidiairement que le patron seul aurait la charge du cas fortuit s'il n'y avait une voie pratique et équitable d'y faire contribuer l'ouvrier; je répondrai en même temps au correctif de M. Blavier.

J'ai dit : le risque professionnel est un fait social indéniable; j'ajoute : l'accident qui s'y rattache est une conséquence de notre état civilisé; car s'il est vrai que le manufacturier, que l'entrepreneur de travaux, que leurs ouvriers choisissent librement leurs professions, il n'est pas moins vrai que la Société utilise ces professions; si ces professions sont nécessaires, ce sont nos besoins à tous qui ont créé cette nécessité. C'est justement pour cela que nous tous nous avons le droit d'intervenir dans cette question entre patrons et ouvriers. La raison a toujours le droit et le devoir de mettre le holà quand se réveille la vieille querelle des membres et de l'estomac.

Qu'on n'aille pas conclure maintenant que le risque professionnel étant le résultat de notre état de Société, c'est la Société qui doit payer. C'est une conséquence fausse, car, réciproquement, si la Société prenait les charges professionnelles il serait juste qu'elle en palpât les bénéfices. La Societé n'a qu'un devoir à remplir, veiller à empêcher des injustices, assurer la réparation des dommages. Aussi dès maintenant pouvons-nous dire que nous repoussons par principe tous les projets qui, pour couvrir l'accident, font l'Etat assureur, c'est-à-dire l'Etat, courant comme tout assureur un risque dans des circonstances où il n'a qu'un rôle d'arbitre à remplir et non pas de caution. Le patron et l'ouvrier sont solidaires du risque professionnel, nous l'avons montré. Tous deux doivent donc le garantir; l'un doit s'exécuter à défaut de l'autre, c'est le principe admis en pareille occurrence. Voilà pourquoi j'accepte, mais subsidiairement, la responsabilité unique du patron.

Mais, dira-t-on, si l'employé et l'employeur deviennent tous deux insolvables, n'est-ce pas à la Société à se substituer au patron? Non, pas plus que la Société ne se porte caution pour un manufacturier banqueroutier, qui ne laisse pas de quoi payer les salaires de ses ouvriers. C'est absolument la même chose. Non, la Société je le répète, n'a d'autre garantie à nous donner que celle d'assurer la justice réparative et de donner cette réparation elle-même, quand ceux à qui elle incombe y sont insuffisants réellement, quelle que soit leur volonté ou leur prévoyance, par exemple pour l'instruction, la sureté publique, la défense nationale. Mais ici ce n'est pas le cas.

Tels sont les motifs qui me paraissent justifier cette affirmation que le risque professionnel rend solidaire le patron et l'ouvrier; que chacun doit être également intéressé à s'en défendre, et que pour organiser cette défense chacun doit avoir le droit d'appeler l'autre partie à la participation, enfin que la déchéance du droit de l'ouvrier doit résulter de son refus, comme l'obligation du patron doit être fondée sur la demande de l'employé. Mais c'est là un contrat qui ne doit pas être obligatoire; les deux parties pourraient d'un accord commun, écrit ou tacite, y renoncer absolument, comme dans une question de mitoyenneté, chacun peut faire valoir ses droits, mais n'est pas contraint de les exercer; il court alors les chances de certaines déchéances.

Un dernier point reste à vider :

L'indemnité que l'ouvrier obtiendrait par jugement à titre de réparation civile doit-elle se cumuler avec l'indemnité due au risque professionnel ?

Dans tout système qui, comme le nôtre, admet la solidarité du patron et de l'ouvrier et les fait concourir tous deux à la couverture de ce risque, je ne vois pas la nécessité de l'action civile; j'avoue que sa justification m'échappe. Comment admettre, en effet, dans ce cas, que l'un des associés appelle en réparation civile l'autre associé pour un risque qu'ils sont convenus de courir ensemble et de couvrir ensemble? Cela me paraît d'une moralité douteuse, aussi, dans le cas fortuit et de force majeure, je reste d'avis d'exclure les effets de l'action civile, à moins que les parties aient négligé d'assurer solidairement cette réparation.

Voyons un peu comment l'entend la Commission :

« Les indemnités dues à l'ouvrier en raison du risque professionnel, dit-elle, article 9, ne se cumuleront pas avec l'indemnité qui pourrait lui être accordée en vertu de l'article 1er de la présente loi. »

Je suis très perplexe : L'article 1er sous le titre : *de la responsabilité du droit commun,* crée la présomption de faute du patron dans le premier alinéa, et indique dans le second les cas où la preuve de non responsabilité est admise. L'article 2 enseigne la procédure à suivre pour réclamer les dommages-intérêts, en vertu de l'article 1er.

Or, les dommages seront alloués ou bien si le patron accepte sans discussion la présomption de faute, ou bien si, cherchant à faire la preuve de son innocence, il n'est pas reçu dans cette allégation. Dans tout cela je ne vois jusqu'ici que le contraire du droit commun puisque la preuve est renversée et alors je ne comprends pas bien pourquoi dans son rapport la Commission nous avertit qu'elle laisse l'ouvrier libre d'intenter une action civile, *en vertu du droit commun,* à l'ouvrier s'il juge que l'indemnité du risque professionnel ne représente pas l'intégralité du préjudice.

Remarquez que la Commission oblige le patron à s'assurer contre le risque professionnel; alors il a payé la prime, puis il paiera les dommages civils s'il plaît à l'ouvrier de préférer cette voie.

Il est vrai que l'ouvrier ne toucherait pas deux fois, c'est honnête; mais le patron paierait deux fois, ce serait encore d'une équité douteuse. Sans doute que la Commission suppose que dans ce cas le patron touche l'indemnité que doit l'assurance, mais le texte n'en dit pas un mot, et l'assurance pourra plaider le contraire.

Il est vrai que l'article 4 décide que l'assurance doit être faite par les soins du patron, et que dans l'exposé des motifs la Commission annonce qu'il est bien entendu qu'elle n'a jamais voulu qu'un ouvrier pût, pour un même accident, toucher deux indemnités distinctes et se cumulant *du* même patron. Ce qui semble dire que l'assurance versera l'indemnité au patron qui la transmettra à l'ouvrier, et, par suite, la gardera au cas où celui-ci obtiendrait par voie d'action civile des dommages-intérêts plus élevés, mais le texte ne le dit pas et je suppose que, à moins de conventions particulières acceptées par les Compagnies, ces dernières auraient le droit de refuser de payer l'ouvrier bénéficiaire, et s'autoriseraient en cela de la jurisprudence établie par la cour de cassation, ce qui fait que le patron aurait payé deux fois; il y a donc lieu de prendre garde.

L'article 8 du projet de M. Rouvier étant identique à l'article 9 de la Commission, et l'assurance étant obligatoire, nous sommes dans le même cas que le précédent. Les projets de M. F. Faure et de M. Lagrange ne comportent pas d'assurance obligatoire et se refusent également au cumul des indemnités.

Le principe de non cumul est donc acquis.

Je crois avoir montré suffisamment comment au point de vue des principes de liberté du travail et de l'égalité devant la loi, les projets blessent nos sentiments les plus vivaces d'équité et notre juste réprobation contre tout privilège. Nous comprenons fort bien qu'entraînés par une sentimentalité fort louable, quelques membres du Parlement aient voulu demander aux pouvoirs publics une satisfaction et une réparation. Mais nous avons remarqué qu'ils étaient loin du but proposé quand nous avons analysé leurs propositions à l'aide du simple bon sens.

Au point de vue moral, qu'il nous soit permis d'ajouter que nous ne croyons pas à la philanthrophie décrétée; l'action de l'Etat en fait de charité ou de fraternité est un péril dont l'histoire abonde en exemples et même en exemples rapprochés.

Cette action ne se justifie que quand elle se borne à un rôle préventif, parce que, nous l'avons dit, c'est de l'ordre public.

Pour être efficace, la philanthropie, comme toute action morale doit dériver de l'union des forces privées, et l'*association*, à notre sens, en offrant les avantages d'une organisation régulière, laisse intacte la liberté individuelle. La réciprocité du contrôle, le libre concours des conseils et des renseignements, la mutualité des forces, l'exclusion des privilèges ou des *préférences*, garantissent son action.

L'initiative privée fait beaucoup et bien; c'est à elle surtout que nous devons tous nos progrès sociaux et moraux, tout le degré actuel de notre civilisation, et c'est cette force admirable et féconde que l'on veut répudier pour s'adresser à un agent peu progressif, à l'Etat; encore si l'Etat s'acquittait à nos souhaits des tâches qui lui ont été confiées déjà et des monopoles qu'il a pris; s'il s'en acquittait avec rapidité et économie, on pourrait comprendre ce zèle intempestif de le charger de nouvelles missions.

« C'est déjà une affaire de garantir à chaque homme le droit de poursuivre ses fins propres sans obstacle; c'en est une autre et bien autre de se charger à sa place de poursuivre ces fins. (1) »

Alors pourquoi, quand l'Etat peut avec tant de peine et d'obstacles réussir dans l'objet de son ressort, dans les jeux de son rôle, pourquoi vouloir étendre son service à des fonctions plus complexes ?

J'admets un moment que les citoyens intéressés ne puissent parvenir à régler entre eux cette question qui les touche de si près, même dans ce cas, comment l'Etat pourrait-il mieux qu'eux donner la solution juste? car je ne peux me résoudre à comprendre que l'Etat, c'est-à-dire une portion des citoyens désignés par la loi, réussirait là où ces mêmes hommes auraient échoué, en tant que particuliers directement intéressés au succès.

En toute chose, laissons le libre arbitre, l'expérience et la raison feront toujours plus et mieux que toutes nos lois comminatoires qui n'engendrent qu'obstacles et privilèges !

C'est pour cela que nous devons persister à penser que l'initiative privée, qui, dans le cas actuel, en créant des associations spéciales préventives, a devancé depuis longtemps ces préoccupations du Parlement, est la seule solution vraiment libérale et française.

Ce sont ces sociétés qu'il s'agit de développer et de faire connaître; vous l'avez compris ainsi quand vous avez donné votre patronage à l'Association rouennaise pour prévenir les accidents.

Certains des auteurs nous proposent aussi l'exemple de l'Allemagne et de l'Angleterre.

S'il s'agissait d'une loi d'utilité et non d'une loi sociale, nous pourrions nous arrêter à ces exemples, mais ces lois sociales d'un peuple doivent concourir à l'idéal historique de ce peuple, sous peine d'être bientôt la

(1) Herbert Spencer.

cause de graves complicationss. L'idéal de l'Allemand, c'est la force : « la force prime le droit. » Aussi l'Allemagne a-t-elle fait l'assurance obligatoire. L'idéal de l'anglais, c'est l'utilité : « charité bien ordonnée commence et finit par soi-même», aussi l'Angleterre a une inspection légale préventive. L'idéal de la France, c'est la liberté. S'il est vrai que les plus grands sont ceux qui placent le plus haut leur idéal, nous pouvons revendiquer la première place dans l'œuvre du perfectionnement humain.

Faisons donc une loi française, laissant l'espace le plus large à la liberté, c'est-à-dire à l'Initiative privée.

C'est là, comme le disait le vénérable M. Engel Dollfus, c'est là le véritable socialisme.

Sans remonter à l'origine ni à l'essence du droit, nous pouvons dire que pour nous, Français, le droit appliqué, c'est la limite des libertés réciproques qui se développent également.

Cette limitation doit donc laisser le plus grand et le plus égal espace possible; mettre dans cet espace le moins d'entraves, et laisser les libertés individuelles se développer, se grouper, se syndiquer, contracter entre elles, en un mot prendre leur essor, veiller à ce que chacune n'empiète pas sur la voisine, telle apparaît la règle du législateur, dont la raison impartiale et sereine s'élève au-dessus de toute passion, de tout intérêt, de toute idée préconçue.

L'ordre social est ébranlé aujourd'hui par la lutte de deux principes, l'individualisme et le besoin d'association; cette lutte apparaît à tout esprit attentif dans chaque question se rattachant à l'organisation de la Société. Il est du devoir de chacun de nous de prendre son rang, si modeste qu'il soit, dans la mêlée, et de concourir à l'apaisement des passions, à l'affranchissement des droits imprescriptibles de la raison et de la liberté, et au maintien des compensations qui soulagent l'éternelle misère.

Pour la question qui nous occupe, on veut placer cette compensation dans l'assurance légale, nous ne croyons pas à la légitimité de cette mesure; elle nous rappelle la fameuse controverse de M. de Girardin qui, niant l'existence du droit, du bien et du mal, réduisait tout l'ordre social à une série de risques mathématiquement calculables, et, par une curieuse mais paradoxale théorie, proposait de faire de la justice une vaste société d'assurances.

C'est cette solution de l'assurance obligatoire et d'Etat qu'il convient maintenant d'examiner au point de vue pratique.

DEUXIÈME PARTIE. — APPLICATIONS.

III. — ASSURANCE.

Nous avons démontré comment la présomption légale de faute, l'Etat assureur et l'obligation à l'assurance apportaient, au point de vue des principes, de graves inconvénients, créant des castes privilégiées de patrons et d'ouvriers, violant le principe d'égalité devant la loi, si cher à notre race, faussant les ressorts de la liberté, abaissant la dignité de l'homme jusqu'à l'assimiler à un esclave et à un colis.

Nous avons vu comment le droit écrit, la jurisprudence, la raison, le bon sens se refusaient à accepter la doctrine nouvelle de l'action contractuelle virtuellement comprise dans le contrat de louage que l'on prétend substituer à l'action délictuelle, seule légitime et jusqu'ici exclusivement suivie.

Bien qu'il soit logique que les applications proposées se ressentent des vices originels de ces projets, il n'est pas indifférent de les examiner ; il n'est pas inutile de pousser jusqu'au bout cette analyse, sous prétexte que nous avons refusé notre approbation aux principes mêmes des propositions. Il est au contraire certain que, si nous n'acceptons pas l'ensemble, il y a tel détail avantageux à noter, et la critique générale du tableau permet de faire saillir quelques parties heureuses dont la pratique des assurances, les industriels et les ouvriers aussi bien même que la justice peuvent tirer un excellent profit. En tout cas, l'abondance des arguments ne peut nuire dans une question qui, nous l'avons dit déjà, est à peine mûre et dont les difficultés pratiques autant que les inconvénients juridiques semblent se révéler de plus en plus nombreux à mesure qu'on y pénètre davantage.

1° L'Etat assureur.

Envisageons d'abord les projets qui proposent comme base la caisse d'assurance établie par la loi du 11 juillet 1868. L'examen seul de ce qu'a produit cette loi et l'appréciation même de nos adversaires sur son fonctionnement suffiront amplement à démontrer l'incapacité de l'Etat vis-à-vis de l'initiative privée, et établiront par des faits et des chiffres que l'Etat remplit moins bien, plus coûteusement et moins justement la fonction que les compagnies libres.

La loi de 1868 a deux objets : l'assurance en cas de décès et l'assurance en cas d'accidents dans les travaux industriels et agricoles. Elle a d'ailleurs été suivie d'un règlement d'administration publique en date du 10 août 1868 et d'un décret modificatif du 13 août 1877.

La cotisation est *fixe :* 8 fr , 5 fr. ou 3 fr. *par tête* et par an. Quels que soient les dangers présentés par l'industrie, quelle que soit la valeur de l'ouvrier, le tarif est invariable pour tout le monde. C'est irrationnel; aussi le résultat, comme nous allons le voir, a été chétif. Les compagnies d'assurances peuvent ne prendre que les bons risques en ne leur demandant qu'une contribution réduite et laisser à l'Etat les affaires dangereuses. La base même est donc mauvaise, et il suffit de jeter les yeux sur les tarifs des compagnies pour s'en convaincre, puisque ces tarifs varient de 1 à 9 et même de 1 à 10.

Ainsi, selon M. de Courcy, ils sont de 2 à 18 centimes par jour, soit en moyenne 10 centimes, ou pour 300 jours 30 fr. Selon M. d'Auray, de 3 fr. 50 à 37 fr. par mille, ou 20 fr. 25 par mille en moyenne. Or, les salaires varient de 1 fr. (apprenti) à 9 fr. (mécanicien), ou en moyenne 5 fr., soit pour 300 jours 1,500 fr., qui à 20 fr. 25 par mille donnent 30 fr. 35. D'après M. Marestaing, pour la *Préservatrice*, l'une des plus anciennes et par conséquent des plus expérimentées parmi les compagnies, les taxes varient de 7 fr. à 69 fr.

Si d'ailleurs nous examinons la répartition des indemnités faites par la caisse, nous trouvons qu'elles sont ainsi constituées :

En cas d'invalidité totale, le blessé reçoit une rente variant selon son âge de 313 fr. à 644 fr.; 313 répond à l'âge de 12 ans et 644 à l'âge de 65 ans et au-dessus.

En cas d'invalidité professionnelle, la moitié de ce tarif est allouée; en cas de mort, si l'assuré laisse une femme et des enfants mineurs, quatre années de la rente correspondante à son âge sont dues par l'Etat; s'il laisse une femme ou des parents sexagénaires, deux années seulement; s'il est célibataire ou sans parents sexagénaires, il n'a droit à rien.

En cas d'incapacité temporaire, quelle que soit sa situation, célibataire ou non, marié ou non, avec des charges de famille ou non, le sinistré n'a encore droit à rien.

La caisse de 1868 demande une prime de 3 fr., 5 fr. ou 8 fr. La Commission extra-parlementaire et certains projets ont choisi la prime unique de 8 fr. Pour comprendre la disproportion entre cette cotisation et les indemnités, nous appliquerons ces tarifs aux résultats d'une des plus anciennes compagnies d'assurances, la *Préservatrice*. Mais nous devons auparavant établir les indemnités à verser :

En cas d'invalidité totale, la rente due est calculée selon l'âge sur un capital de 640 fois la prime, ou 640 × 8 = 5,120 fr., que l'assureur-Etat doit verser à la caisse des retraites (art. 11 de la loi de 1868).

En cas d'invalidité professionnelle, la moitié doit être déboursée, soit 2,560 fr. La rente annuelle que la caisse servira doit être capitalisée au taux de 5 °/₀, suivant l'âge ; prenons 38 ans 1/2 comme âge moyen. Si on remarque que l'ouvrier ne se marie guère avant 25 ans, et que les catégories les plus indemnisées sont celles de l'ouvrier marié et père d'enfants mineurs, que les tarifs varient de 12 ans à 65 ans, on voit que la moyenne entre 25 et 65, ou 45 ans, est la plus approchée du vrai ; mais, pour éviter des reproches d'exagération, nous prendrons la moyenne entre 12 et 65, c'est-à-dire 38 ans 1/2. La rente de 5,120 fr. correspondante à cet âge est de 370 fr., au lieu de 399 fr. due à 42 ans.

Or, en cas de mort de l'assuré, s'il y a femme et enfants, l'Etat verserait quatre fois cette rente, ou 1,480 fr.

S'il laisse une femme ou des parents sexagénaires, deux années seulement sont dues, ou 740 fr.

Appliquons ces données aux résultats résumés par la *Préservatrice* de 1865 à 1882, soit :

1.642 cas de morts laissant veuves et enfants, à 1,480 fr. =	2.429.160 fr.
463 laissant ascendants sexagénaires, à 740 fr. . .	342.620
600 incapacités permanentes, à 5,120 fr.	3.072.000
1.788 incapacités professionnelles, à 2,560 fr.	4.666.680
	10.510.460 fr.
Les frais d'administration évalués au 1/3 de la dépense totale.	5.255.230
Total pour les 4,493 sinistrés.	15.765.690 fr.

Cette dépense se répartit entre les 929,828 assurés, d'où l'on conclut une prime moyenne de 17 fr. environ. Les statistiques de la même compagnie pour la même période donnent 185,548 cas d'incapacités temporaires, conduisant à une dépense totale de 10,019,592 fr., qui se répartit entre les 810,855 assurés à ces risques, fait ressortir une deuxième prime de 12 fr. 20.

La prime totale pour l'assurance de tous les accidents serait donc de 29 fr. 20, chiffre approché de 30 fr. cité plus haut.

Ainsi la caisse de l'Etat, tout en ne payant pas les indemnités temporaires, aurait eu à régler, si elle avait été aux lieu et place de la *Préservatrice*, 17 fr., et n'aurait reçu que 8 fr. ; la prime qu'elle demande doit donc être au moins doublée si l'on ne veut préparer quelque désastre financier, comme cela est arrivé, nous allons le rappeler bientôt.

Il ne faut pas cependant prendre comme vérités mathématiques ces calculs basés sur la pratique passée. L'avenir peut apporter des imprévus, de nouvelles sources d'atténuation ou d'aggravation qui seront les conséquences de nouveaux procédés industriels ou de nouveaux usages. Les chiffres statistiques et les moyennes nous montrent ce que les nouvelles idées appliquées aux faits passés eussent produit. C'est déjà un grand enseignement, et ne paraît-il pas prudent d'établir ses bases sur cette expérience plutôt que d'escompter des progrès problématiques qui pourront même se trouver transformés en causes de sinistres nouveaux ou plus graves et plus nombreux ? Cette prévoyance scientifique paraîtra sans doute plus sage que la sentimentalité inquiète qui a mis en alarme le Parlement; cette sensibilité peut venir d'un bon naturel, mais témoigne plus de la pureté de l'intention que d'une connaissance expérimentée de la question.

L'exposé des conditions d'assurance par la caisse de 1868 montre tout de suite quels risques la loi fait courir aux finances de l'Etat. Elle met en évidence aussi des lacunes regrettables :

L'un des cas les plus fréquents, en effet, c'est l'incapacité temporaire, le chômage forcé pour cause d'accidents. C'est fatalement la misère, car l'ouvrier est imprévoyant, n'a pas d'économies, et ne peut pas toujours en faire non plus s'il est chargé de famille. Je sais bien qu'on va me dire : « Mais que voulez-vous qu'on lui donne pour 8 francs ? » D'accord, mais c'est justement là une faute que ce choix d'une prime basse et uniforme. On me dira aussi : « Que les ouvriers fassent partie d'une caisse de secours mutuels ! » Parfait, mais nous voici revenus à l'initiative privée que vous répudiez, à moins que vous ne caressiez en secret le dangereux projet de former des caisses de secours *mutuels* OBLIGATOIRES. Ce serait le bouquet.

Consultez les gens du métier, ils vous diront que le cas le plus ordinaire, c'est justement celui que vous éliminez : il est *40 fois* plus fréquent ! C'est le cas dont se préoccupe le plus l'ouvrier, et c'est ce chômage temporaire dont vous ne prenez cure ! Cette fois encore, vous créez des exceptions, et vous les créez à l'encontre des besoins que vous désirez satisfaire.

On remarquera que les compagnies n'assurent pas isolément les cas d'incapacité temporaire, quand on n'assure pas en même temps le cas de décès et les accidents graves, parce que les premiers risques sont les plus désavantageux. De sorte que l'Etat n'assurant pas ces risques désavantageux, il faudra bien qu'on en demande l'acceptation par les compagnies, qui, ou bien refuseront, ou bien augmenteront sur ce point leurs tarifs.

Je ne sais pas si l'ouvrier et le patron seront bien satisfaits de ce résultat, mais il est encore d'une moralité douteuse de voir l'Etat dire aux compagnies : « Je vous fais l'honneur de vous concurrencer, mais je suis bon prince : je garde les bons contrats et vous abandonne les mauvais ; et pourquoi ? *Quia nominor Leo.* »

Et puis l'Etat, qui n'assure pas le risque de l'action civile, que l'ouvrier a le droit de choisir, laisse encore ce soin aux compagnies. Ce sont les risques les plus lourds et comportant aussi les incapacités temporaires. Ce sera encore le même inconvénient.

Nous pourrions aussi nous demander pourquoi les 8 fr. sont demandés *par tête*. C'est une difficulté pratique, car le personnel d'une entreprise, d'une manufacture, d'un établissement, varie à chaque instant en nombre et en personnes. Le patron est contraint de faire substituer l'ouvrier entrant à l'ouvrier sortant. Je sais bien que l'on me répondra que, pour les 8 fr. qu'on me réclame, je me montre bien difficile. C'est juste ; ces 8 fr. ne sont-ils pas le pendant du « sans dot » de messire Harpagon ?

Je sais encore que la Commission extra-parlementaire a voulu justifier sa préférence, et elle le fait dans ces termes :

« Le fonctionnement d'une caisse d'assurances créée par l'Etat ne nous semble pas présenter ces difficultés qu'on redoute ; une caisse de ce genre existe actuellement, c'est celle fondée par la loi du 11 juillet 1868. Sans doute, ses opérations n'ont pas pris un grand développement, mais elle *fonctionne régulièrement*. D'autre part, peut-on craindre que l'extension que lui donnerait l'assurance obligatoire nécessiterait de la part de l'Etat des subventions considérables ? *Nous ne l'avons pas pensé.* Actuellement, la caisse fondée par la loi de 1868 est en bénéfice (?), bien que ses opérations soient très restreintes. »

La Commission a dit : la caisse fonctionne régulièrement ; elle aurait mieux dit : régulièrement mal.

Nous ne l'avons pas pensé, ajoute le rapporteur. Mais entre penser et prouver, il y a cependant plus loin qu'entre la coupe et les lèvres, où l'on prétend trouver déjà un intervalle immense. Nous ne l'avons pas pensé; c'est très bien dit; mais nous osons penser le contraire et nous allons essayer de le prouver chiffres en main.

Les compagnies d'assurances contre les accidents, qui ont depuis plusieurs années tenté l'expérience à leur corps défendant, doivent en savoir quelque chose. Si on les consulte, on les trouve toutes disposées à augmenter plutôt qu'à diminuer leurs primes, et l'histoire de ces compagnie, a déjà enregistré assez de déficits pour montrer que cette branche n'a pas, avec les prix actuels, été trop favorisée jusqu'ici. La solution paraît, en général, avoir jusqu'aujourd'hui plus coûté que rapporté aux compagnies (1).

Il paraît, *a priori*, difficile d'expliquer comment l'introduction de l'Etat permettra de changer ces résultats. Et, en effet, l'Etat administre-t-il plus économiquement? règle-t-il plus généreusement les sinistrés?

Voilà ce qu'il était important de démontrer. C'est ce que nous voulons examiner.

D'abord, la prime de 8 fr. donne des recettes moindres, plus de trois fois moindres, première infériorité financière vis-à-vis des compagnies. Il est vrai que l'assuré en profite, et à ce titre nous n'aurions qu'à applaudir, mais M. Félix Faure, dans son exposé des motifs défendant la cause de l'Etat assureur, nous dit textuellement que, « si on examine les opérations effectuées par les compagnies d'assurances contre les accidents, telles qu'elles ont été constatées dans l'annuaire statistique de la France publié par le ministère du comme en 1884 », on trouve que « le montant des primes encaissées par les différentes compagnies en 1882 a été de 8,913,787 fr. 92 c. et le montant des sinistres de 4,503,910 fr. 33 c.; la différence entre ces deux chiffres représenterait pour une part les frais généraux, pour le surplus les bénéfices réalisés par les compagnies ». Et M. Faure croit pouvoir ajouter avec sûreté : « Il est donc certain que l'Etat, qui n'a pas de gain à poursuivre, doit offrir aux chefs d'entreprise les conditions les plus avantageuses. » La note plus bas montre combien problématique est le gain des compagnies dénoncé par M. F. Faure.

---

(1) Voici d'ailleurs, d'après le *Moniteur des Assurances*, le résultat des opérations de 1885 pour les 12 Compagnies à primes fixes :

Primes reçues	10.061.835 fr. 55
Dépenses.	10.164.724 77
Déficit.	102.889 fr. 55
C'est le produit des fonds placés s'élevant à	508.884 25
qui a donné le modeste excédent de.	405.995 fr 03

excédent qui n'était que de 211,361 fr. 62 en 1884.

En définitive, sur 12 Compagnies, 9 ont eu des déficits, si l'on compare les primes versées aux sinistrés indemnisés, en défalquant, bien entendu, les intérêts du formidable capital qui est engagé.

Nous avons montré aussi que la moyenne des primes des compagnies est de 30 fr. ; mais avec ces 30 fr. elles paient les cas d'incapacité temporaire. Si elles ne les indemnisaient pas, comme ces cas figurent pour environ 40 °/₀ (1), la prime pourrait être diminuée de $\frac{30 \times 40}{100} = 12$ et ramenée à $30 - 12 = 18$ fr. environ, soit plus du double de celle de 8 fr. exigée par la caisse ; calculée sur cette nouvelle base, la recette indiquée par M. F. Faure, 8,913,787 fr. 72, aurait été ramenée à moins de 4 millions, et comme il a été payé plus de 4 millions d'indemnités, la perte des compagnies, et par conséquent de l'Etat, serait certaine, puisqu'il y a déjà déficit, et qu'à ce déficit il faudrait ajouter les frais d'administration, sans compter que M. Félix Faure propose de majorer les tarifs de 1868 de 70 à 80 °/₀ sans aucune augmentation de prime, en s'appuyant sur ce fait qu'au 31 décembre 1884 le total des cotisations de la caisse s'élevait à 126,967 fr. et le total des pensions à 77,851 fr. 42 ; différence, 49,115 fr. 58. La majoration de 80 °/₀ donnerait 77,851 fr. 42 + 62,281 fr. 13 = 140,132 fr. 56, c'est-à-dire le déficit, et la majoration de 70 °/₀ 77,851 fr. 42 + 54,496 fr. = 132,347 fr. 42, soit encore le déficit, et l'on ne nous dit rien des frais d'administration, qu'il faut déduire nécessairement. D'où il suit que la majoration proposée est impossible à moins de donner à la caisse une nouvelle dotation de l'Etat; je dis nouvelle, car elle en possède déjà une.

Dans les calculs précédents, nous avons supposé la contribution de 8 fr. ; mais, en fait, elle est, d'après la loi de 1868, de 8 fr., 5 fr. et 3 fr., au choix de l'assuré, soit 5 fr. 33 en moyenne, et alors le coefficient $\frac{18}{8} = 2,25$ produit se transforme en $\frac{18}{5,33} = 3,38$, ce qui donne encore plus de force à nos observations, et, nous ne saurions trop le remarquer, avec ces prévisions, la caisse de 1868 ne paie pas le cas le plus fréquent et le plus redouté des ouvriers, le cas d'incapacité temporaire.

Quant aux résultats, ils sont presque nuls. Que sont ces 59,967 fr. 04 versés par la caisse de 1868 à 1885 vis-à-vis des millions d'indemnités payés par les compagnies ? Pour n'en citer que deux : de 1865 à 1886, le *Soleil-accidents* a payé plus de 16 millions 1/2 d'indemnités, et la *Préservatrice mutuelle*, qui n'assure que les accidents collectifs, de 1861 à 1885 a réglé près de 18 millions. L'Etat a donc payé en moyenne $\frac{59.967,04}{18} =$

(1) Nous avons vu plus haut que, pour la *Préservatrice*, les statistiques indiquent 185,348 cas d'incapacité temporaire, contre 4,493 cas de mort et d'incapacité permanente. Les premiers sont donc 41 fois plus fréquents.

De plus, la prime est de 12 fr. 20 contre 17 fr., ou $\frac{17 + 12,20}{12} = \frac{12}{29,20} = 40$ °/₀ de la prime totale.

3,331 fr. 50, le *Soleil* $\frac{16.500.000,00}{21}$ = 786,000 fr. 00, et la *Préservatrice mutuelle* $\frac{18.000.000,00}{24}$ = 750,000 fr. par an.

A cet égard, nous sommes resté confondu en lisant dans le rapport de M. A. Girard, rapport sur lequel fut votée la loi de 1884, que les conditions de la caisse des assurances en cas d'accidents créée par la loi de 1868 sont les plus défavorables pour les assurés, « parce qu'il s'établira des compagnies d'assurances qui feront concurrence à la caisse de l'Etat et que l'effet certain sera d'abaisser le taux de la prime. »

Et la Commission extra-parlementaire qui, pour justifier l'obligation, nous assure que l'augmentation du nombre des assurances ne pourra qu'accroître *la prospérité* de la caisse d'assurances contre les accidents. Elle est jolie, la prospérité ! nous l'avons montrée. Et puis la Commission ne craint pas d'ajouter : « d'autant plus qu'aujourd'hui les industries très dangereuses sont seules assurées, et, par conséquent, les risques d'accidents proportionnellement plus grands ».

Eh bien, c'est encore là une assertion inexacte, car voici la nomenclature des assurés à la caisse d'Etat pour un exercice :

Ouvriers et agents de chemins de fer . .	143
Forgerons.	36
Ouvriers de filatures de soie	659
Sapeurs-pompiers.	354
Carriers.	42
Imprimeurs.	40
Mécaniciens	15
Ouvriers du bâtiment	8
Divers.	28
Total.	1.325

Or, la moitié de ce chétif effectif, représenté par la filature de soie, est un risque coté peu dangereux par les compagnies, et elle lui demande une prime inférieure à celle de l'Etat. Il n'y a de risques dangereux dans cette liste que ceux des forgerons, des mécaniciens, des carriers et des ouvriers du bâtiment, soit 175 sur 1,325. Et c'est cela que la Commission extra-parlementaire désigne sous la rubrique des industries les plus dangereuses, des risques les plus grands !

On prétend encore vanter la caisse de 1868 en affirmant qu'elle n'a pas dévoré la subvention de 2 millions dont on l'a dotée.

Eh bien, voici le compte depuis son origine jusqu'en 1880, extrait du *Journal officiel* :

Dotation de l'Etat	2.000.000 fr.	»
Dons et legs.	1.000	»
Cotisations des assurés. . . .	94.008	35
Arrérages des sommes placées. .	1.352.936	50
	3.447.944 fr.	85

Elle a versé 59,967 fr. 04.

Ces chiffres indiquent assez, nous l'avons dit, que cette caisse est restée à l'état d'embryon et que, malgré ses 18 années d'exercice, l'Etat a été incapable de développer cet embryon.

Mais on ne voit pas figurer sur ce tableau le chiffre des *frais d'administration.* Il serait cependant curieux de les connaître. Sans doute, on dira qu'ils se confondent avec ceux d'autres services, mais ils n'en coûtent pas moins, et je suppose bien que la nouvelle caisse exigera un service spécial. Il est donc intéressant de rechercher ces frais. Nous attirons sur ce point l'attention impartiale du Parlement.

En somme, la caisse a 1,800 assurés, et la population ouvrière assurable est d'environ 3 millions de têtes. Il serait donc imprudent de raisonner par proportions, et, en tout cas, le raisonnement, à notre sens, ne serait pas en faveur du projet, quand on aura inscrit d'une manière fidèle et complète le coût de l'administration, qui ne figure même pas pour mémoire dans le compte précédent.

N'est-ce pas aussi l'honorable M. Félix Faure qui avait dit dans son premier projet et avec beaucoup de raison : « Le nombre des assurés à la caisse de l'Etat, qui en 1874 s'élevait à 2,214, n'était plus au 31 décembre 1880 que de 1,812, chiffre bien peu en rapport avec l'importance des services à rendre...... Ainsi, rien n'a été fait pour porter les avantages de cette caisse à la connaissance des intéressés ; le Conseil supérieur chargé de son administration *ne s'est pas réuni depuis plus de huit années,* et aucun rapport sur ses opérations n'a été publié depuis 1873. » Ce n'est pas nous qui le disons, c'est M. Félix Faure. Et voilà comment l'Etat assureur s'acquitte de sa tâche. Quelle compagnie d'initiative privée permettrait à son conseil d'administration de rester huit ans sans se réunir, de rester huit ans sans publier de comptes rendus ? Voilà, de l'aveu de l'honorable député, la caisse de 1868 fonctionnant de mal en pis, et c'est ce beau modèle qu'on nous propose aujourd'hui !

C'est d'ailleurs un fait général que les caisses d'Etat sont incapables. Ainsi, en 1865, la caisse d'Etat anglaise avait 547 polices et la *Prudential,* compagnie puissante du Royaume-Uni, 6,859 ; en 1878, la caisse d'Etat n'avait plus que 229 polices et la *Prudential,* au contraire, en possédait

296,935. En 1883, elle a enregistré 400,000 contrats nouveaux ! Ce succès inouï n'est-il pas un argument péremptoire ?

L'Etat assureur ! mais nous le connaissons de longue date. Sans compter la déplorable gestion des caisses créées en 1868, n'a-t-il pas à nous montrer aussi l'administration de la caisse des retraites fondée en 1850, ayant trouvé moyen de dévorer depuis cette époque jusqu'au mois de janvier 1884 la bagatelle de 291 millions ? Et encore si c'étaient les ouvriers qui en avaient profité ! Mais ce sont les spéculateurs ! Et la caisse d'assurances en cas de décès de 1868, dont le quart seulement des polices ont été souscrites par des ouvriers et le reste par des rentiers, des négociants, des industriels, des fonctionnaires ; cette caisse dont le rapport de la commission de surveillance constate la *nullité des résultats*, voici comment l'apprécie le *Dictionnaire des Finances*, publié sous la direction de M. Léon Say :

« La caisse des assurances en cas de décès, dont on redoutait la concurrence pour les sociétés existantes, n'a produit jusqu'à ce jour que des résultats pour ainsi dire insignifiants, *malgré les tarifs inférieurs à ceux des compagnies.* »

En treize ans, l'Etat n'a pas obtenu 500 contrats, dont pas même un quart en faveur « de cette classe intéressante de la société, comme le dit M. Tirard, pour laquelle elle a été créée », et heureusement, car si ses guichets eussent été assaillis, nous aurions aujourd'hui un déficit encore plus considérable que les 291 millions absorbés par la caisse de 1850.

Et dans tout cela n'entrent pas les frais d'administration, soit quelques petits millions grignotés par les fonctionnaires de l'Etat préposés à cette *lourde* tâche.

Voilà comment l'Etat assureur a fourni aux classes laborieuses le bienfait de sa prévoyance et aux contribuables l'économique compensation dudit bienfait, la compensation d'une générosité qui constate que ses sacrifices ont au moins profité !

Lorsque M. Faure avance qu'il est certain que l'Etat doit faire des conditions plus avantageuses, il a pensé sans doute que l'Etat réalisera des économies sur les frais d'administration, ce qu'il est permis de contester, car nous savons ce que dépense l'Etat entrepreneur de chemins de fer, l'Etat voiturier, pour nous méfier des économies que fera l'Etat assureur. Sans doute on nous objectera qu'il fera au moins l'économie de l'intermédiaire, qu'il supprimera les frais de commissions. Il n'est pas contestable que les compagnies d'assurances soient dans l'obligation de payer des courtages plus ou moins élevés à ces intermédiaires, mais est-il bien sûr que l'Etat pourra se passer du concours d'auxiliaires analogues ?

Certains projets laissent, en effet, l'assurance facultative. Alors, il sera loisible à l'industriel et à l'ouvrier de s'adresser à l'Etat ou à une compagnie, ou même de ne rien faire. Et, dans ce cas, il paraît peu probable que la seule création d'une caisse d'Etat soit un appât tellement séduisant que, du jour au lendemain, l'esprit de prévoyance, aujourd'hui si rare, pénétrant tout à coup les masses du public, elles se précipitent vers les guichets de l'Etat, désireuses de profiter d'une telle aubaine. Hélas ! la loi de 1868 et la caisse du même nom sont là pour nous montrer ce que vaut cet appât.

D'autres projets rendent l'assurance obligatoire ; alors, il y aura à combattre la fraude, le mauvais vouloir. C'est l'éternelle histoire de toutes les obligations, témoin l'impôt, qui, pour rentrer, demande une formidable légion d'agents de toute sorte, de tous grades et de tous appointements. Et Dieu sait si, même avec cette armée, la rentrée s'effectue facilement !

L'Etat, pour ce service, fait donc de grandes dépenses, et elles ne sont pas inutiles, car il serait niais de croire qu'il suffit de décréter que désormais on paiera telle contribution pour que, de leur propre mouvement, les contribuables prissent le chemin de la perception et vinssent fidèlement apporter au percepteur leur argent et leurs déclarations. Chacun sait qu'un adage, assez peu honnête mais très suivi, veut que voler l'Etat ce n'est pas voler, parce que l'Etat c'est nous.

Pour rendre effective l'obligation de l'assurance, l'Etat créera fatalement des inspecteurs, des contrôleurs, en un mot toute une hiérarchie de vérification, et l'on nous montrera si cette nouvelle administration coûtera moins que l'intermédiaire des compagnies. En pratique, le régime de l'obligation d'assurance et de l'Etat assureur apparaît donc comme le trop prolifique auteur d'une nouvelle couvée de fonctionnaires.

M. Félix Faure, à qui nous rendons encore cette justice qu'il repousse l'obligation, mais qui, selon nous, hésite toujours dans le bon chemin, a dit encore, pour justifier la nécessité de faire de l'assurance par l'Etat :

« Est-ce à dire que nous appelions de nos vœux l'établissement de l'assurance obligatoire dont notre collègue et ami M. Rouvier, quand il était ministre du commerce, avait posé le principe ? Nullement. Nous estimons que l'industriel doit être libre de rester son propre assureur ; mais si la loi lui impose une charge, celle qui résulte des risques professionnels, il faut en même temps que l'Etat lui offre le moyen de se garantir contre ces risques. »

C'est là, il faut l'avouer, une conséquence toute spécieuse, car si l'Etat devait nous fournir les moyens de remplir toutes les obligations qu'il nous crée, nous le verrions bientôt entraîné à remplir toutes les professions. Ce sont de telles affirmations qui mènent droit au socialisme d'Etat.

Ainsi, nous repoussons l'assurance par l'Etat au point de vue pratique, parce qu'il y a prouvé son incapacité, comme nous l'avons repoussé plus haut au point de vue des principes; et si le législateur voulait se rendre à l'évidence et à la raison, ce n'est pas l'extension, mais la suppression de la caisse de l'Etat qu'il décrèterait après cette gestion déplorable pendant tant d'années.

Enfin, dernière remarque qui apporte aussi son enseignement :

L'Etat assureur fait payer déjà des impôts aux compagnies, sans compter l'abonnement au timbre qui leur a été, il y a peu de temps, imposé, et par contre les obligations qu'il contracte avec ses assurés en sont dispensées. Je vous laisse le soin de tirer la moralité.

2° *Obligation à l'assurance.*

a Inconvénients pour l'assureur et l'assuré.

Quant à l'obligation de l'assurance, nous n'en voulons pas davantage, même lorsque, dans certains projets, elle laisse le choix entre l'Etat et les compagnies d'assurances.

Il paraît, en effet, contraire à la logique la plus élémentaire de créer une assurance obligatoire pouvant être faite par des compagnies privées, puisqu'on n'impose aucune condition aux contrats. L'obligation à l'assurance doit nécessairement entraîner l'obligation de la forme et des clauses de la police d'assurances, et les projets n'en disent rien. Pense-t-on que les compagnies vont se leurrer de cette obligation pure et simple qui semble leur promettre une pépinière forcée de clients?

Elles seraient véritablement naïves de ne pas voir où les conduirait ce petit sentier que l'on a bordé de fleurs. L'Etat assureur, concurrent des compagnies, pourrait bien à la longue finir par comprendre les mauvais côtés de sa gestion, les funestes et illogiques bases de son tarif uniforme; ses agents perfectionneront petit à petit l'institution en faisant adopter des réformes copiées sur celles des compagnies; les statistiques de ces dernières, c'est-à-dire les documents mêmes de leurs expériences et de leurs tâtonnements, achetés au prix de risques si chers que court tout inventeur, seront mieux consultées. Il pourra se faire, quoique l'on puisse en douter encore après ces dix-huit années d'enlisement, que l'administration fera aux compagnies une guerre de tarifs, et certaines d'entre elles succomberont ; elles succomberont même toutes à la longue. Concurrence indécente et déloyale, puisque l'Etat, pour combler ses déficits, n'aurait qu'à prendre dans la poche du contribuable, mais concurrence qui serait aussi funeste aux assurés mêmes, puisque, comme le demandent certains projets, l'Etat aurait désigné et agréé les compagnies susceptibles de faire les assurances, et que l'ouvrier qui, sur la foi de cette désignation, aurait contracté son assurance et se verrait frustré, aurait le droit de se plaindre amèrement du gouvernement qui l'aurait si mal renseigné !

Et puis, que dites-vous encore de cette désignation par l'Etat de certaines compagnies, l'Etat choisissant ses concurrents ? C'est d'une moralité douteuse, sans compter que ce choix de sociétés privées parmi beaucoup d'autres crée en leur faveur un *privilège*. Vous retrouvez donc encore ici ce privilège que nous avons déjà révélé tant de fois dans la première partie de ce travail. Le privilège, mais ne sera-t-il pas, en cas de déconfiture de la caisse de l'Etat, en faveur même des ouvriers visés par les projets, en faveur des deux catégories dont nous avons parlé au détriment des autres catégories, c'est-à-dire que ce sont ceux qui ne seront pas assurés qui, par voie de l'impôt, paieront de leur poche les indemnités dues à leurs camarades compris dans la loi ? Explique qui pourra l'équité d'une telle spéculation ; pour moi, j'ai beau m'y ingénier, j'y renonce.

On me dira que l'Etat peut faire des bénéfices. Je ne crois pas que le législateur ait eu en vue cette éventualité, car nous avons montré qu'elle est peu certaine, et la morale publique veut qu'il n'en fasse pas, puisque ces bénéfices seraient faits aux dépens des patrons obligés à l'assurance et des ouvriers également contraints, mais privilégiés. Je ne pense pas que ce soit là encore le vœu de l'ouvrier. En tout cas, c'est injuste.

b Uniformité de la prime et de l'indemnité.

L'ouvrier trouvera-t-il plus équitable l'uniformité du tarif d'indemnité et l'uniformité de la prime ? Il est permis d'en douter. Cette proposition a un air égalitaire qui peut le séduire ; quand il paiera sa prime ou qu'il touchera son indemnité, il jugera. Ce sont là des arguments *ad hominem* qu'il comprend toujours. Pour nous, nous ferons ce petit raisonnement : tout ouvrier aujourd'hui a la faculté de se faire assurer contre les accidents du travail. Selon son gain journalier, il peut affecter une somme déterminée, et déterminée par lui, à l'acquittement d'une prime qui lui assure une indemnité convenue. Il est garçon, marié, veuf, a des charges de famille, père, mère infirmes, ou enfants, ou bien il est absolument seul, sans aucune charge. Voilà déjà bien des cas divers qui, combinés entre eux, fournissent toute une série de situations personnelles, et chacun, je suppose, doit être juge de la sienne. Aujourd'hui, suivant cette situation, chacun est libre de choisir le mode d'assurance qui lui convient. Celui-ci, en cas de mort, stipule en faveur de ses parents, ou de sa veuve, ou de ses enfants ; celui-là, libre de toute charge, songe à sa vieillesse. L'un aura intérêt à préférer une indemnité unique versée dans un cas précis ; un autre préfèrera, et avec raison, eu égard à sa position, une rente viagère.

Oui, je sais bien que l'on me dira qu'à côté de l'assurance obligatoire, il pourra en contracter d'autres avec les compagnies. Mais d'abord les compagnies ne seraient-elles pas tuées par la concurrence de l'Etat ? C'est une question. Et puis, la prime obligatoire ne sera-t elle pas déjà un prélèvement sur les désirs et les besoins mêmes des situations particulières qu'elle gênera ?

Sur quelle logique, sur quel principe d'équité s'appuie-t-on pour obliger les ouvriers des deux catégories privilégiées à s'assurer sur une prime fixe moyenne, et en particulier ceux qui auraient pu courir le risque par une cotisation inférieure en s'adressant aux assurances qui, pour leur risque, leur demanderont moins cher ? Ne peut-on craindre que l'Etat ne garde que les mauvais risques, si l'assurance est permise aux compagnies ? Il s'ensuivra une aggravation dans les déficits. On sera amené à surélever les tarifs uniformes, ce qui créera une nouvelle série de sacrifiés, payant un risque moyen plus cher que leur risque aux compagnies privées, et la nécessité de surélever à nouveau les tarifs se représentera encore, apportant indéfiniment de nouvelles aggravations.

Je sais aussi qu'on m'objectera que l'ouvrier individuellement recourt peu à l'assurance, et que généralement ce sont les chefs d'entreprise qui la stipulent pour eux, et que c'est en partie pour les obliger à cette prudence, à cette prévoyance, que la loi est proposée. A son impéritie, il faut, dit-on, substituer la prévoyance de la société ; il faut, en un mot, lui donner cette tutelle.

Cette thèse, à coup sûr, ne serait pas soutenue au Parlement ; elle sonnerait mal, je suppose, aux oreilles de l'ouvrier s'il veut la comprendre; lui que la loi a fait l'égal de son patron en droits, lui que la loi a fait comme son patron et au même titre électeur et éligible, et qu'au même titre nous voyons élu, ne souffrirait pas, je pense, qu'on se permette de prononcer à la tribune son incapacité à se diriger lui-même, quand on l'a déclaré capable de diriger les autres, son état d'infériorité assimilable à celui d'interdit, quand on l'a émancipé de toute tutelle. Vraiment, les soi-disant défenseurs de l'ouvrier ne le tiendraient pas alors en grande estime, et de même que nous avons protesté plus haut quand il s'agissait de créer des castes privilégiées d'ouvriers au détriment d'autres groupes de travailleurs, de même nous protesterons encore cette fois en faveur de leur dignité et de leur qualité d'hommes libres de contracter et de se diriger comme les autres citoyens.

c Prétendu asservissement dû au régime actuel.

MM. les défenseurs de l'assurance obligatoire et par l'Etat n'ont pas manqué de critiquer le régime de liberté actuellement suivi, c'est-à-dire de l'assurance faite par le patron : ils y ont trouvé un danger social, parce qu'ils prétendent y trouver un asservissement de l'ouvrier.

L'ouvrier, suivant cette doctrine, serait, par les retenues de salaire, devenu le créancier non d'une compagnie d'assurances, mais en réalité du patron seul, parce qu'il ne reste garanti que s'il demeure attaché au même patron, et l'on ajoute :

« Sans doute nous sommes partisans ardents du principe de la liberté des conventions, mais nous nous méfions des conventions libres, qui semblent avoir pour but et qui ont pour résultat fatal une atteinte à la liberté individuelle de l'un des contractants. »

C'est encore là une voie dangereuse d'argumentation, car s'il faut détruire tous les liens qui peuvent attacher l'ouvrier au patron, il faut décréter l'abolition des caisses de retraites, les orphelinats, les societés coopératives, les écoles de fabrique, les petits logements des cités ouvrières, les participations aux bénéfices et toutes ces institutions de prévoyance, de philanthropie et de sagesse que la bienfaisance et le respect de la dignité humaine multiplient chaque jour par les soins des patrons. Il faut mettre la hache dans ces admirables manifestations de la générosité, et pourquoi? Par la raison que vous invoquez, MM. les partisans de l'obligation et de l'Etat assureur, parce que, je répète vos paroles, parce que le bienfait n'est garanti à l'ouvrier que s'il reste attaché au même patron, parce que c'est une atteinte à la liberté individuelle de l'un des contractants.

Il est vrai de dire que, pour la plupart de ces fondations, le contractant dont vous prenez tant de souci, c'est celui qui reçoit, et l'autre est celui qui donne. Voilà bien de l'intérêt pour l'ouvrier quand, nous l'avons démontré plus haut, on ne prend pas garde de le priver de ses droits civils, et on l'assimile sans vergogne à un esclave, à un colis. Il y a là une antithèse qui confond.

Et puis, que reprochera-t-on au cas où le patron paie la prime entière d'assurance? Où est le lien de vassalité qu'on croit apercevoir? Dira-t-on que c'est parce que l'ouvrier préfèrera le patron qui paie pour lui à celui qui ne paie qu'une fraction de l'assurance, et qu'il vaut mieux, en décrétant l'obligation des deux, ne pas créer des différences entre les ouvriers d'une fabrique où le patron est généreux et ceux de celle où il l'est moins?

C'est de la puérilité. Car si vous exigiez de telles conséquences, vous demanderez sans doute, si vous êtes logiques, que le Gouvernement cesse d'accorder des récompenses, des médailles d'honneur et même des décorations aux vieux et vénérables serviteurs de l'industrie qui ont consacré pendant de longues années leurs services aux mêmes patrons. Ce sont là des liens capables de rendre l'ouvrier attaché au patron, et le Gouvernement doit être dénoncé comme coupable d'entretenir ce que vous appelez une cause *de danger social qui appelle,* c'est vous qui le dites, *la sollicitude du législateur;* dénoncez donc le Gouvernement, qui porte atteinte à la liberté individuelle en attirant à lui les fonctionnaires de toute sorte par des pensions de retraite, par des décorations, par des sinécures honoraires!

Mais, objectera-t-on encore, l'ouvrier qui quitte un établissement y laisse ses primes versées! C'est évident, c'est juste; ne sont-elles pas le contrepoids des risques qu'il a *courus,* de risques passés? Donc, le patron aussi bien que la compagnie sont quittes envers lui, et tous les jours nous voyons les ouvriers changer d'usine sans plus se préoccuper de ce soi-disant lien qui l'enchaîne au patron. Les crises que traversent nos industries n'ont pas leur cause dans la prétendue vassalité de l'ouvrier, dans cet attachement trop profond pour le patron qu'on nous dénonce. On aurait quelque peine à développer cette thèse, plus sentimentale que pratiquement étudiée.

L'obligation n'est d'ailleurs pas une découverte actuelle. Elle a tenté de se produire en 1848. Mais, à cette époque, le rapporteur du comité du travail, M. Fenouillat, n'a pas craint de dire que le comité « a pensé que la prévoyance, si utile qu'elle fût, ne devait pas être imposée. L'autorité en pareil cas ne faisant jamais bien ».

« Il faut, dit-il, encourager l'ouvrier à s'affranchir lui-même de la servitude, de la misère qui pèse encore sur lui, mais non l'y contraindre par une loi. »

Et M. Maze, rapporteur de lois concernant la caisse des retraites, disait à la Chambre le 17 octobre 1884 :

« Nous avons fait une enquête très sérieuse et très complète ; nous nous sommes adressés à la plupart des hommes compétents qui s'occupent en France des questions sociales ; nous avons interrogé les individus, les syndicats ouvriers, les sociétés mutuelles ; nous leur avons demandé si, à leur avis, la retenue obligatoire devait être établie ; de presque toute la France, on nous a répondu : Non. »

Voici de plus l'appréciation de Thiers sur l'assurance obligatoire :

« En voulant être prévoyant pour tout le monde, on sera obligé de violenter tout le monde, de prendre à chacun des sommes qu'il lui sera très pénible de donner, puis de se constituer le caissier, le notaire, le créancier et le débiteur de la nation tout entière. »

C'est sur ce mot profondément pratique que nous voulons clore ce chapitre.

3° *Conditions particulières des projets.*

Si maintenant nous descendons dans les questions de détail, elles nous révèleront encore des vices analogues; le privilège et le manque d'équité y apparaîtront.

Ainsi, la Commission qui fait l'Etat assureur dit par l'article 7 de son projet que « les membres du conseil d'administration des compagnies d'assurances anonymes ou mutuelles qui contreviendraient aux prescriptions du règlement d'administration publique prévu (c'est-à-dire le règlement qui détermine les conditions données aux compagnies pour être agréées) seront passibles d'une amende de 500 à 2,000 francs ».

C'est toujours le même esprit : le Gouvernement, qui se réserve le droit de choisir ses concurrents, se donne de plus celui de frapper ceux qui lui seraient un obstacle ; ce n'est guère plus moral que la guerre de tarifs qu'il peut leur faire. Et puis l'article ne nous dit pas si l'amende est collective ou applicable à chaque administrateur ; c'est un point intéressant.

En cas de récidive, l'amende peut être portée à 2,000 et même à 5,000 francs, sans préjudice d'une action correctionnelle, et le tribunal pourra prononcer la déchéance de la compagnie.

Je ne crois pas que les auteurs aient eu en vue dans tout cela l'esprit libéral de notre loi française, qui assure autant que possible la liberté du contrat, tant qu'elle ne froisse pas l'ordre public.

Quant au manufacturier qui aura négligé de s'assurer, non seulement il devra payer en cas d'accident l'indemnité qu'aurait payée la caisse de 1868, mais une amende de 50 à 500 francs.

Naturellement, toutes ces amendes n'ont pas lieu de nous étonner; elles sont la conséquence fatale de l'obligation. Il est juste cependant de dire que la Commission, par son article 10, permet aux tribunaux d'appliquer au délinquant le bénéfice de l'article 463 du Code pénal, c'est-à-dire d'appliquer, en cas de circonstances atténuantes, une réduction des amendes édictées plus haut.

Cet article, il faut l'observer, ne modifie en rien les responsabilités de l'article 1er, qui ne laisse, comme nous l'avons dit, au juge aucune espèce de liberté d'appréciation quant à la somme de responsabilité. Aussi est-il douteux, comme le dit M. de Courcy, que les patrons témoignent une vive reconnaissance des adoucissements promis par l'article 11.

L'article 10 a sans doute la prétention d'être favorable à l'ouvrier, car il lui accorde *un privilège*. « En cas d'assurance contractée par le chef d'industrie, y est-il dit, l'ouvrier victime d'un accident aura un privilège, dans les termes de l'article 2102 du Code civil, sur l'indemnité *due* par l'assureur. » Eh bien, c'est une pure fiction, et pour la première fois que la Commission écrit le mot privilège, il arrive justement qu'il n'y en a pas ; c'est une maigre compensation aux cas où elle en crée sans le savoir, comme nous l'avons démontré.

L'article 2102 a en effet pour titre : « Des privilèges sur certains meubles. » Il y en a de sept sortes : 1° loyers et fermages ; 2° les créances sur gages ; 3° les frais faits pour la conservation de la chose ; 4° le prix d'effets mobiliers non payés encore dans les mains du débiteur ; 5° les fournitures d'un aubergiste ; 6° les frais de voitures ; 7° les créances résultant d'abus et prévarications commis par les fonctionnaires publics dans l'exercice de leurs fonctions.

L'article 2102 dit aussi sur quoi et comment s'exerce chacun des privilèges énumérés.

Si la Commission a voulu dire qu'on ajouterait un paragraphe à l'article 2102, elle aurait dû le dire, car à la lecture de l'article 10, on suppose que le cas d'assurance est assimilable facilement à l'une des sept catégories visées; or, il n'y a aucune espèce d'analogie. La Commission aurait dû au moins rédiger ce paragraphe ; on aurait pu comprendre ce qu'elle désire. Il n'est pas douteux qu'elle veuille créer un privilège, puisqu'elle le dit, sur l'indemnité due, c'est-à-dire encore dans les mains de l'assureur. Mais à qui l'assureur la doit-il? Est-ce à l'ouvrier? Alors, l'ouvrier n'a qu'à l'aller chercher, et quel privilège veut-on lui donner? Si l'assureur doit la verser par l'intermédiaire du patron, alors nous retombons dans la controverse dont nous avons parlé dans la 1re partie, et que la Cour de cassation a déjà tranchée. C'est une jurisprudence à modifier, mais ce n'est pas un privilège.

La Commission, dans son exposé, n'est pas plus explicite; elle se contente de dire vaguement : « Nous avons cru que le caractère particulièrement digne d'intérêt que présente la créance d'un ouvrier blessé était de nature à la faire classer au nombre des créances privilégiées. » C'est assez nuageux, et nous avons le droit de demander : Où est le privilège? Messieurs du Palais, cherchez le privilège! Messieurs les ouvriers, vous avez là un bon billet !

Si la Commission avait dit que le privilège accordé aux domestiques par l'article 2101 pour leurs salaires était étendu à l'indemnité d'assurance due aux ouvriers, cela se serait compris comme intention, mais cela eût été impraticable, car les indemnités sont le plus généralement des rentes, et l'on serait conduit à des conséquences d'une part funestes pour l'industrie et d'autre part absolument injustes.

Supposons, en effet, une faillite du patron; la créance privilégiée prélève sa part entière aux dépens des créanciers, qui deviennent ainsi les victimes solidaires de la présomption légale de faute, et si, parmi ces créanciers, sont les autres ouvriers de la fabrique, s'il ne reste plus rien pour payer les salaires, le prélèvement privilégié aura été fait sur ces salaires; je doute encore qu'ils se déclarent satisfaits. Sans compter que, dans certains cas, il peut se faire que ce soit justement cette créance privilégiée qui, en cas d'insolvabilité, soit la cause déterminante de la faillite ; et puis voici un simple calcul à faire :

Supposons un ouvrier intentant une action en dommages-intérêts en vertu des articles 1 et 2. Le tribunal juge comme matières sommaires et condamne le patron à fournir à l'ouvrier une rente viagère de 500 francs par exemple. Le patron est dans l'obligation d'acheter un titre de rente sur l'Etat, s'il n'est pas couvert par une compagnie d'assurances; il déboursera donc environ 13,500 francs. Ce sont 13,500 francs qu'il lui faudra retirer de son capital roulant, au besoin de son capital matériel par voie d'emprunt, et même, s'il est dans un état de gêne, il ne pourra effectuer le versement, il sera poursuivi et mis en faillite. Or, s'il est en faillite, ces 13,500 francs seront en définitive pris sur l'actif de la faillite et ainsi payés indirectement par les créanciers, qui ne sont pour rien dans l'accident, qu'ils n'ont pu prévoir ni éviter. C'est déjà gentil; c'est en fait ce que donne déjà le droit commun; mais cela ne suffit pas, paraît-il, il faut mieux : Le patron non assuré sera condamné à l'amende de par l'article 11; et l'amende sera-t-elle aussi prélevée sur la faillite, par privilège?

Supposons, au contraire, le patron assuré et tombant pour d'autres causes en faillite avant le versement de l'indemnité. Supposons aussi que la prime due à la caisse d'assurances n'est pas encore payée par lui. Comment figureront les 13,500 francs à la faillite? Fera-t-on compensation entre les 13,500 francs et la prime due, ou bien la prime sera-t-elle mise au rang des créances ordinaires et les 13,500 francs conservés intacts pour la garantie de l'indemnité? Toutes questions d'un grand intérêt que la Commission, qui déclare vouloir éviter les litiges, eût bien fait d'examiner, à moins que, devant les délicates situations que ces questions mettent en relief, elle n'ait osé formuler un avis.

En fait, laisser dans l'ombre tant de points que la pratique de l'assurance révèle, n'est-ce pas avouer que l'assurance de l'accident est une chose encore bien neuve, et qu'il serait prudent d'attendre encore de l'expérience une maturité plus propice et un jugement droit et vrai sur son fonctionnement?

Au fond, si l'on n'a aucune arrière-pensée, ce que nous voulons croire, ce que nous croyons, que veut-on? Créer un privilège à l'ouvrier? Eh bien, que l'on étudie les moyens d'introduire dans notre Code un article disant que, dans les contrats d'assurances contre les accidents, l'ouvrier est le bénéficiaire unique du contrat, mais qu'on lui laisse, selon sa profession, sa valeur personnelle, sa situation de famille, choisir la forme, les conditions et la quotité de son assurance. Il est certain que la liberté des conventions et la sagesse arbitrale des tribunaux feront mieux qu'une contrainte légale qui semble ramener tout au même niveau, et qui, au fond, ne crée que le privilège, viole la liberté individuelle sous prétexte de la défendre et met en tutelle, quand il s'agit d'intérêts privés, des hommes que la loi reconnaît dignes d'être électeurs et même d'être appelés à la direction des affaires publiques.

Les explications précédentes visent plus particulièrement les projets de MM. Rouvier, Lockroy et Lagrange. Il convient d'examiner les différences présentées par ceux de MM. Blavier et de Mun.

M. Blavier, nous avons eu l'occasion de le dire, a produit une étude incomparablement plus approfondie que les précédentes et plus équitablement conçue. Voici comment M. Blavier entend l'assurance :

« Art. 4. — Il est créé, *sous la garantie de l'Etat,* une caisse des accidents du travail.

« Cette caisse a pour objet :

« 1° De fournir des secours aux ouvriers assurés contre les accidents du travail ;

« 2° De permettre aux employeurs de se garantir des conséquences pécuniaires de la responsabilité civile en cas d'accident, dans les limites indiquées ci-après : »

L'ouvrier peut s'assurer personnellement, alors même qu'il est assuré par son employeur, en versant 5 francs au percepteur chaque année. C'est, du reste, la cotisation qui lui est demandée par l'article 5 pour s'assurer du bénéfice de la loi.

L'unité de risques est constituée par une journée de travail, et la prime sur la somme des journées des ouvriers de l'établissement assuré.

Le taux de la prime est établi suivant 5 catégories d'accidents, divisées chacune d'elles en 3 classes ; en tout, 15 classes.

De même, les indemnités sont réglées suivant la situation personnelle de l'ouvrier, célibataire, marié, père de famille, et dans trois cas : 1° la mort ; 2° l'incapacité complète ; 3° l'incapacité de la profession ou diminution du travail produit, comme par la perte d'un membre.

La déchéance de l'ouvrier est prononcée s'il y a faute lourde commise par lui-même, ivresse, désobéissance formelle aux ordres reçus, etc.

Quant à la caisse de l'Etat, elle est alimentée par les ouvriers au moyen de la cotisation de 5 francs égale pour tous, par les patrons suivant la prime variable suivant les dangers présentés par leur industrie et suivant les précautions déjà prises par eux pour éviter les accidents, enfin par l'Etat.

J'ai déjà remarqué dans la 1re partie que M. Blavier met tous les cas fortuits ou de force majeure en dehors de la responsabilité patronale et en charge l'ouvrier et subsidiairement de l'Etat si l'ouvrier est assuré.

La responsabilité du patron ne serait donc engagée qu'en cas de faute lourde ou de faute légère. Cette dernière pourrait être couverte par l'assurance, mais la première serait passible d'une réparation personnelle estimée à 50 % en sus de l'indemnité due par l'assurance.

La caisse, en somme, n'assure pas un dommage ; dans l'intention de M. Blavier, elle a surtout pour but de donner aux victimes un secours suffisant pour leur éviter le recours à la charité publique. Tel est le système d'assurance proposé par l'honorable sénateur.

Il paraît inutile de reproduire les arguments que nous avons présentés pour repousser l'assurance par l'Etat, et nous la repoussons d'autant plus énergiquement ici que c'est justement pour le risque professionnel que M. Blavier retire la responsabilité de l'employeur pour en charger l'ouvrier, c'est-à-dire une nullité financière si l'ouvrier n'est pas assuré, et subsidiairement l'Etat si l'ouvrier est assuré. On ne voit pas comment il est juste que la société tout entière soit appelée à courir des risques de profession librement acceptés, sans être admise en même temps aux chances de bénéfice. Encore si ce devait être une charge légère ! Mais la cotisation de 5 francs demandée par M. Blavier, bien inférieure à celle de 8 francs réclamée par ses collègues, et que nous avons démontrée être hors de toute proportion avec les données de l'expérience des assurances, deviendrait, cela est facile à prévoir, un véritable désastre pour les finances de l'Etat. Il est évidemment impossible de chiffrer les déficits qu'une telle disproportion entre la prime et les indemnités créeraient, mais ce sont sans doute des millions dont on devrait doter par voie de subvention la caisse de l'Etat, et comme ces millions seraient pris sur l'ensemble des citoyens, et en particulier sur les ouvriers exclus du bénéfice de la loi, on peut mesurer quelle injustice entraîne un tel système, et combien doit nous paraître intolérable, à nous contribuables, et inique aux ouvriers exclus (et ce seraient les plus nombreux), un tel socialisme d'Etat.

Certainement on peut remercier M. Blavier d'avoir combattu l'obligation et d'avoir rendu l'assurance facultative, mais on peut regretter que l'honorable sénateur, qui a si bien étudié ces questions, n'ait pas été arrêté par les exemples de la caisse de 1868 et de la caisse de retraite des vieillards, qui coûtent déjà si cher en proportion des services qu'elles rendent, sans compter que la nouvelle caisse serait incomparablement plus importante que ces dernières et partant incomparablement plus onéreuse, car M. Blavier, tout en demandant une cotisation inférieure à celle de la caisse de 1868, accorde des indemnités bien supérieures, mais ne donne rien aux ascendants sexagénaires.

L'application de ces indemnités au même tableau d'accidents que nous avons donné plus haut, selon les statistiques de la *Préservatrice*, fournit :

1.263	cas de mort laissant veuves et enfants mineurs, à 5,140 fr.	= 6.491.820 fr.
379	cas de mort laissant enfants mineurs, à 1,200 fr.	454.800
463	— ascendants sexagénaires. .	»
360	cas d'incapacité permanente avec femmes et enfants, à 9,015 fr.	3.245.400

108 cas d'incapacité permanente avec enfants, à 7,635 fr.	824.580
132 célibataires, à 7,235 fr.	955.020
1.788 incapacités professionnelles, à 4,340 fr.	7.759.920
4.493 accidents, demandant un capital déboursé de. .	19.731.540 fr.
Frais d'administration évalués au 1/3 de la dépense totale.	9.865.770
Total général.	29.597.310 fr.

Cette somme, répartie sur les 929,928 assurés payant 5 francs l'un, ou 4,649,640 francs, exige une prime de 31 fr. 80,

Sans assurer les cas d'incapacité temporaire, qui, on l'a vu, exigent une primo de 12 fr. 20 en plus.

De sorte qu'avec une cotisation de 5 francs, M. Blavier perd par assuré 31 fr. 80 — 5 francs ou 26 fr. 80, qu'il faudra naturellement demander au contribuable [1].

On remarquera que, dans le tableau précédent, nous ne supposons jamais qu'*un* enfant mineur, c'est-à-dire le minimum ; la capitalisation est faite à l'âge moyen de 35 ans.

Ainsi : 1° Pour le cas de mort avec veuve et enfants mineurs, nous avons établi :

Rente de 300 fr. à la veuve, capital.	= 4.340 fr.
Un enfant recevant 100 fr. jusqu'à 16 ans, soit 8 annuités de 100 fr..	800
Capital déboursé.	5.140 fr.

2° Cas de mort d'un veuf avec enfants mineurs :

150 fr. à *chaque* enfant jusqu'à 16 ans. *Un* enfant recevant 8 annuités. . . . . = 1.200 fr.

3° Cas d'incapacité totale avec femme et enfants mineurs :

500 fr. de rente au blessé.	= 7.235 fr.
100 — à la femme.	1.380
50 aux enfants mineurs. *Un* enfant, 50 × 8. . . .	400
Capital à débourser.	9.015 fr.

4° Incapacité totale d'un veuf avec enfants :

(1) Nous ne parlons pas de l'assurance du risque civil du patron ; c'est une chose à part définie par les articles 3 et 4 du projet.

500 fr. de rente . . . . = 7.235 fr.
Un enfant 400

Capital à débourser. . . . . 7.635 fr.

5° Incapacité totale d'un homme sans femme ni enfant :

Rente de 500 fr., capital . . . . = 7.235 fr.

6° Incapacité professionnelle :

Rente de 300 fr. au blessé, capital . . . . = 4.340 fr.

(Comparer ces indemnités à celles de la caisse de 1868 données plus haut, page 35.)

De plus, le projet de M. Blavier ouvre une large porte aux litiges et à la mauvaise foi des sinistrés.

A notre sens, en effet, il paraît imprudent de distinguer, au point de vue de la réparation de l'accident, entre le cas fortuit et le cas de faute du patron. Dans l'un et l'autre cas, l'ouvrier n'est pour rien dans le malheur qui le frappe, et ce malheur crée les conséquences les plus identiques pour lui.

Ne pas traiter les deux cas sur le même pied, n'est-ce pas aussi pousser l'ouvrier sinistré à chercher à rejeter toujours la faute sur le patron ? Dans l'enquête, il sera vraisemblablement appuyé plus facilement par les camarades qui seront entendus comme témoins, et qui s'efforceront avec lui d'éliminer le cas de force majeure et de charger le patron, toujours supposé bon pour payer. C'est la vocation certaine du patronat à la responsabilité permanente. Ce n'est certes pas là ce que nous attendons d'une loi sociale, que nous voudrions voir au contraire réduire le plus possible l'antagonisme trop fréquent de l'ouvrier et du chef d'entreprise plutôt que d'apporter dans cette situation déjà si tendue un nouveau brandon de discorde.

Je comprends à la rigueur l'exclusion absolue prononcée par M. Blavier de l'ouvrier sinistré du bénéfice de la loi quand la faute lui incombe, bien que je me sois prononcé plus haut pour une solution plus charitable. J'ai indiqué que je préférerais voir appliquer une réduction dans l'indemnité, mais sans prononcer une déchéance complète, et cela au nom de l'humanité, car il est difficile d'admettre qu'une loi sociale demandée en raison d'une infortune, qu'une loi qui, il faut le répéter, est surtout recherchée par une sentimentalité trop imprudente, trop peu maîtresse d'elle-même, condamne à la misère un être humain et, sous prétexte de défendre dans certains cas sa dignité et sa liberté, le voue dans d'autres à la mendicité ! Et si l'homme est mort, condamnerez-vous de pauvres petits orphelins aux rigueurs de l'indigence, aux hontes du mendiant, parce que son père aura un jour, par négligence peut-être, par fatigue, par une de ces paresses quelquefois insurmontables dont ne triomphent pas toujours les meilleurs, oublié un règlement ?

Nous ne pouvons méconnaître l'intention louable qui a poussé M. Blavier à intéresser ainsi l'ouvrier à sa propre conservation, en lui donnant la charge entière du risque professionnel et en le déclarant déchu en cas de faute lourde de sa part ; mais les motifs que nous venons de donner nous paraissent supérieurs aux avantages incertains qu'il propose, et, malgré le sentiment profond d'estime que nous professons pour ses intentions, nous ne saurions accepter ses propositions.

M. le comte de Mun, nous l'avons dit, soumet un tout autre système. Au régime individualiste, il oppose un régime corporatif. Il demande la création, sur l'initiative des patrons, de caisses corporatives d'assurances dans les 15 circonscriptions territoriales créées par la loi de 1874. La suppression de la loi de 1868 devient une conséquence nécessaire et logique de cette organisation.

Chaque caisse ne groupe qu'un seul corps de métier ou des industries similaires, mais chaque caisse peut fusionner avec les caisses des régions voisines et former une caisse unique dont elles deviendraient de simples succursales.

L'alimentation de ces caisses serait obtenue par les cotisations de l'entrepreneur et de l'employé. La retenue faite sur l'employé ne peut être supérieure à 5 °/₀ du salaire, et l'employeur verse une contribution au moins égale.

Le principe est la mutualité.

L'administration est confiée à un conseil composé de patrons ou de leurs représentants, d'ouvriers ou de leurs délégués, en proportion des contributions effectuées par chaque élément, sans que jamais les délégués ouvriers puissent être en nombre inférieur au quart de celui des membres.

L'élection se fait suivant les règles adoptées pour les prud'hommes.

L'Etat n'est donc ni assureur, ni caution. — Quant aux caisses déjà créees dans les grandes compagnies, elles pourront continuer à exister sauf à mettre leurs statuts en conformité avec la nouvelle tarification. Jusque là tout semble juste et bien conçu, dans un esprit de pacification, dans une volonté de respecter la liberté et de donner une plus large place à l'équité et à la fraternité. Le patron et l'ouvrier contribuent à l'assurance et le contribuable ne garantit rien. L'ouvrier comme le patron participe à l'administration de la caisse et même quelle que soit la faiblesse de son apport, on lui assure le quart du vote; mais il reste toujours l'obligation et, ce principe, nous avons été étonnés de le voir défendre par M. le comte de Mun, adversaire si résolu du socialisme d'Etat. Voici comment l'honorable député s'en explique :

« Pour les chefs d'entreprise ils ont à remplir des devoirs de paternité sociale. Ils doivent aide et assistance à leurs ouvriers, quand la maladie les frappe, quand la vieillesse les atteint. C'est là une obligation morale incontestable *que nous transformerions volontiers en lien juridique, ne sachant pas d'autre moyen de la rendre effective.* Suivant nous, en effet, l'assurance à ces caisses doit être obligatoire, si leur création est reconnue nécessaire, il serait puéril de dire qu'elle doit être purement spontanée et facultative. Il faut compter avec l'indifférence des uns, l'hostilité des autres et l'inertie du plus grand nombre. Et quand les intéressés, en raison même de l'état de désorganisation où nous sommes, ne peuvent ou ne veulent pas s'y prêter, le pouvoir qui provoque, même par une contrainte légale, la fondation de ces établissements de police d'utilité sociale, prend en définitive une mesure fort simple, très légitime, rentrant dans le devoir général qui lui incombe de procurer la paix et la prospérité publiques. »

Nous avons dit dans la première partie, pourquoi nous ne croyons pas que cette question d'assurance fût d'ordre public et tout cet éloquent plaidoyer de M. le comte de Mun, ne nous touche pas plus quand il le fait à propos d'assurance sur les accidents que s'il le recommençait en faveur de la misère et demandait une assurance mutuelle, régionale ou locale, corporative ou non, à laquelle il obligerait tous les citoyens pour réduire les lamentables conséquences de l'indigence, des hasards de la fortune, qui, du jour au lendemain, peuvent nous vouer tous tant que nous sommes à une profonde misère, ou de la mort qui peut inopinément ouvrir à la ruine les portes de nos demeures.

Appeler en aide l'Etat, a toujours été et sera encore longtemps la thèse des philanthropes impatients, et l'on ne veut pas voir que nous sommes, en criant ainsi au secours, les inconscientes grenouilles que ce dévorant héron croquera l'une après l'autre. Vous vous occupez de l'ouvrier blessé, et encore pour certaines catégories; demain les autres catégories réclameront, et elles auront raison; puis viendront les ouvriers malades, puis viendront les ouvriers en chômage. Allez-vous ainsi arriver doucement à la résurrection du droit au travail? Non, renonçons à ces procédés artificiels, et ne faisons pas de mauvais replâtrages. Laissons le libre arbitre de chacun trouver la solution qui lui paraît la meilleure. L'initiative privée peu à peu et sans bruit finit toujours par satisfaire aux besoins réels, et nous avons vu plus d'une fois les tristes conséquences d'une philanthropie décrétée.

Pourquoi voulez-vous obliger patrons ou ouvriers à faire un contrat malgré leurs désirs, dans des limites déterminées d'avance et infranchissables? Si vous imposiez des règlements de sécurité, si vous ordonniez l'emploi de certaines précautions, de certains engins, on comprendrait; car cela c'est pour la défense de la vie, c'est de l'ordre public, c'est de la police! et comme le dit M. de Courcy: « quand les affaires vont mal, quand je n'ai pas de commande ou ne peux produire qu'à perte, moi patron, presque ruiné, épuisé de ressources. j'ai le droit de fermer mes ateliers et de congédier mes ouvriers. J'ai le droit de leur offrir un demi salaire, un quart de salaire, un franc par jour et ils ont le droit d'accepter s'ils ne trouvent pas mieux ailleurs. Nous sommes malheureux, eux et moi; aucune loi ne gêne la liberté de cette convention du salaire réduit. Je n'aurai pas le droit, dans des temps plus prospères de leur dire : Je vous offre dix francs par jour, mais entendons-nous bien, allez vous faire assurer vous-mêmes contre les accidents du travail. Je ne veux pas avoir le souci des responsabilités à moins qu'on n'établisse une faute à ma charge, seule responsabilité que j'accepte et que je sais bien, d'après le droit commun, ne pouvoir décliner. Je n'aurai pas le droit de leur offrir cette convention et ils n'auraient pas le droit, quelqu'envie qu'ils en aient de l'accepter ! »

La création de caisses corporatives, c'est évidemment une excellente idée, mais elle doit ne ressortir que de l'initiative privée.

La Commission extra parlementaire a, dans son exposé des motifs, envisagé aussi le système corporatif, mais elle s'est bornée, pour le repousser, à cette simple affirmation : « il y a d'abord le système corporatif tel qu'il existe en Allemagne; mais il est impossible de l'établir en France. » Les autres auteurs de projets n'en ont pas parlé.

Les partisans de l'obligation pourront nous dire que nous n'apportons sur ce point que des appréciations, mais comme, pour la question de l'assurance par l'Etat, nous avons mieux encore que des raisonnements nous avons des faits. Nous les prierons de se reporter avec nous au *Journal officiel* de mai 1887, qui contient un rapport de M. Marteau, consul de France au ministère des affaires étrangères, sur les assurances ouvrières en Allemagne. Nous affirmions dans la première partie que l'obligation, c'est-à-dire la force, ne pouvait rien nous promettre de bon à nous Français, et nous pouvons maintenant affirmer qu'elle n'a rien donné de satisfaisant aux Allemands.

La mutualité obligatoire, soit quelque chose d'analogue aux caisses corporatives obligatoires demandées par M. de Mun, avec contribution d'un tiers pour l'ouvrier, est le régime appliqué depuis 1883 et 1884, de l'autre côté du Rhin.

Les résultats sont déplorables, M. Amédée Marteau le constate et il ajoute que cela témoigne que l'initiative privée est encore ce qu'il y a de plus fécond, là comme en toutes choses.

Une des plaies que dénonçe le rapport et dont se plaignent d'ailleurs les conseils d'administration des caisses créées, c'est qu'on simule des maladies. C'est bien ce que nous redoutions. Du moment que c'est l'Etat qui surveille on est sûr que l'abus s'établit, et c'est toujours un abus auquel on ne s'attendait pas. Quand il s'agit de tourner une loi ou de l'exploiter, l'intelligence du peuple est féconde; avec les compagnies libres, il faut discuter, prouver. Elles se défendent et on ne les trompe pas facilement; dans une administration peu intéressée directement au succès, on a facilement raison d'une surveillance molle et d'une facilité paresseuse toujours prête à faire du sentiment.

M. Marteau nous montre la loi acceptée avec peu d'enthousiasme, ni par l'ouvrier, ni par le patron, et il ajoute que l'ouvrier préfère encore les caisses libres, malgré la restriction que la loi a apportées à leur liberté

Il y avait à la date du 20 novembre 1886, 243,974 établissements inscrits et 3,810,709 ouvriers. (1) Ces ouvriers sont répartis dans 64 corporations formant chacune une personne civile, mais elles se subdivisent en sections. L'Etat a également groupé ses employés en sections, mais toutes sont réunies en une seule corporation. Le siège des corporations est à Berlin; cela semble, au premier abord, fort rationnel, mais on ne pense pas à tout; cette centralisation oblige à des frais de voyage, de correspondance et de comptabilité considérables. O bienfait de la gestion administrative!

Encore si l'ouvrier sinistré était satisfait? mais M. Marteau nous apprend que de toutes parts les corporations réclament et se plaignent que les résultats ne sont pas en proportion des sacrifices. Elles prévoient déjà qu'il faudra augmenter les primes d'assurances, sous peine d'être bientôt réduites à l'impuissance et, comme l'Etat est garant des caisses, vous pressentez le résultat financier!

(1) Argus du 19 juin 1887.

Et puis les patrons se plaignent; car cet embrigadement les soumet tous à l'inquisition de l'Etat.

Les ouvriers se plaignent; car le patron, une fois sa prime versée, se déclare libre de toute obligation, de tout intérêt vis-à-vis de l'ouvrier, qui, en cas d'accident, est livré pieds et poings liés à l'administration de sa corporation qui lui règle, sans souffrir de discussion, son indemnité. Plus de pitié ! plus d'entente entre le patron et l'ouvrier ! plus de lien ! En voulant assujettir les patrons, en voulant embrigader les ouvriers, l'Etat allemand n'a réussi qu'à mécontenter tout le monde, à jeter le trouble dans l'action intelligente et prudente de l'initiative privée, à mettre les finances de l'Etat en danger.

M. Marteau nous montre toutes ces conséquences, il déclare l'organisation de l'assurance obligatoire contraire au progrès, odieuse et inquisitoriale.

D'ailleurs les dernières élections au Reichstag ont dû montrer à M. de Bismark que le socialisme d'Etat n'a pas beaucoup séduit les ouvriers obligatoirement matriculés sur les listes des caisses corporatives.

Une dernière observation nous reste à présenter à propos de l'assurance, c'est celle qui concerne le cumul des indemnités.

Ce cumul, nous l'avons repoussé au point de vue des principes d'équité. il est d'ailleurs éliminé par l'art. 8 du projet de la Commission et par les autres projets, mais d'une manière, à notre sens, incomplète. Prenons un exemple : un ouvrier blessé touche l'indemnité spéciale du risque professionnel. Cette indemnité peut être dépensée d'abord à le faire vivre pendant son chômage forcé, mais si, après ce temps, il lui plaît d'intenter une action civile, sous prétexte que la loi lui permet, au cas où cette action lui serait profitable, de renoncer au bénéfice du risque professionnel. le patron et l'assureur vont se trouver dans cette singulière situation qu'après avoir satisfait le sinistré, ce dernier, insolvable, leur intente un procès !

Et puis, si le procès se termine en faveur du sinistré, l'assureur qui aura fait un emploi de capital en fonds d'Etat pour garantir la rente, en cas de rente à servir, se verra obligé de modifier cette première opération et, si le procès est perdu, comment l'assureur s'en fera-t-il rembourser les frais, si l'ouvrier est insolvable ?

Les compagnies n'opèrent pas ainsi; quand le sinistré accepte l'indemnité, il est réglé contre une quittance définitive et une renonciation sans réserve à tout recours civil. C'est évidemment le seul moyen certain et honnête d'opérer les règlements, et la caisse d'Etat, si elle était établie et appelée à garantir la responsabilité civile en même temps que le risque professionnel, n'agirait pas autrement.

Mais les projets ont négligé aussi ce point important.

4° Conclusions.

En résumé, et pour conclure, nous croyons maintenant pouvoir dire au nom de la raison et de l'équité, nous n'acceptons pas un quelconque des 6 projets, en ce qui concerne l'assurance, pas plus que nous n'avons pu donner notre préférence à l'un d'eux au point de vue des principes, malgré les avantages que certains pourraient présenter dans quelques parties.

Nous avons, en effet, signalé :

L'injustice et le danger du rôle de l'Etat assureur.

Le peu de logique et le risque économique de la fixité et de l'uniformité de la cotisation d'une indemnité qui ne tient pas compte de la situation et du libre arbitre de l'assuré.

La nécessité d'indemniser tout chômage résultant d'un accident, en cas d'incapacité temporaire, ce cas étant le plus fréquent et celui qui inquiète le plus le travailleur.

L'avantage de fixer la prime sur le salaire et non par tête.

L'avantage des caisses corporatives, facultatives, organisées par initiative privée, soit par les patrons, soit par les compagnies d'assurances elles-mêmes sur le principe de la mutualité, en faisant une place *équivalente* aux ouvriers et aux patrons dans les conseils d'administration.

Au point de vue des indemnités :

L'injustice de tout cumul, la nécessité de faire de l'acceptation de l'indemnité d'assurance un fait entraînant la renonciation de plein droit de l'action civile et la reconnaissance du paiement intégral en tous cas, sauf le cas de faute lourde.

Et, si la faute lourde est dûe à l'ouvrier, la stricte équité de sa déchéance avec réserve d'une fraction de l'indemnité allouée à titre de secours charitables, excepté, bien entendu, le cas où il serait volontairement l'auteur de l'accident dans un but de spéculation.

Le tableau suivant indique d'ailleurs pour les 4 cas d'accidents que nous avons adoptés dans notre classement, notre pensée, au point de vue de l'assurance et de la répression, l'assurance étant facultative dans sa forme et ses conditions entièrement libres, sauf ce qui regarde la morale et l'ordre public :

	1er CAS — Faute du patron.		2e CAS — Faute de l'ouvrier victime.		3e CAS — Faute d'un camarade de la victime.		4e CAS — Cas fortuit et de force majeure — Risque professionnel.	OBSERVATIONS —
	lourde.	légère.	lourde.	légère.	lourde.	légère.		
Responsabilité civile du patron, pouvant être couverte par une assurance..	NON	OUI	NON	OUI	NON	OUI	OUI solidairem. avec l'ouvrier	1° Toute acceptation d'indemnité offerte par l'assureur entraîne la renonciation à une action civile.
Responsabilité correctionnelle du patron......	OUI	NON	»	»	»	»	»	2° Les indemnités ne peuvent se cumuler en aucun cas.
Responsabilité civile de l'ouvrier, auteur de l'accident, pouvant être couverte par une assurance.......			NON	OUI	NON	OUI	OUI solidair. avec le patron	3° Pour le risque professionnel, solidarité du patron et de l'ouvrier, c'est-à-dire, atténuation de la responsabilité civile de l'employeur en cas de non-assurance — ou participation de l'ouvrier au paiement de la prime, s'il y a assurance.
Responsabilité correctionnelle de l'ouvrier, auteur d'un accident.......			NON	NON	OUI	NON		

Telles sont résumées les règles qu'à notre humble avis, juges, industriels, ouvriers et assureurs devraient suivre, soit pour apprécier soit pour contracter. Mais tous ces désirs ne sont que des désirs que nous formulons comme des stipulations à introduire par voie de débats particuliers dans les contrats particuliers des compagnies. L'Etat n'a rien à faire à cela. L'Etat, s'il veut intervenir, ne peut le faire qu'en excitant la formation des caisses mutuelles, en aidant à propager les idées d'assurances et de mutualité parmi les masses ouvrières.

Par l'instruction de l'école, il peut déjà, dès l'enfance, faire comprendre à l'ouvrier le bienfait de l'assurance, les résultats féconds de la prévoyance et de l'épargne, compléments nécessaires et couronnement d'honneur du travail honnête.

« Le principal ennemi de l'assurance, dit M. Chaufton, c'est l'ignorance. »

Il ne faut donc pas seulement fonder des caisses, il faut aussi apprendre à l'ouvrier le bénéfice de l'assurance et de la capitalisation. On ne donne pas de livres à ceux qui n'ont pas appris à lire.

Ce ne sont pas les moyens de diffusion qui manquent, en pareilles circonstances, mais la volonté tenace, longue et incessante qui seule peut faire pénétrer dans l'esprit insouciant des travailleurs, les idées de confiance dans l'association, de confiance dans l'épargne, de confiance dans l'assurance contractée de compte à demi avec le patron, aujourd'hui l'ennemi dont on se méfie, demain l'associé avec lequel on s'efforcera de combattre les mauvais jours qui pourraient venir.

Ce sont là des problèmes que la liberté seule peut et sait résoudre ; ne laissons pas une loi rigoureuse creuser davantage le fossé qui sépare le travail du patronat ; et, pendant qu'il reste encore des germes féconds d'attachement de l'ouvrier à l'industrie, profitons-en pour les développer dans la confiance et dans la pacification plutôt que de semer la défiance, et peut-être un antagonisme irréconciliable.

Vouloir substituer la loi à la philanthropie, c'est une utopie ; mépriser la charité sous prétexte d'indépendance, c'est de l'imprudence parce qu'il est toujours facile de découdre, mais tout autre chose est de restituer; parce qu'il ne faut pas enseigner l'égoïsme qui demain se retourne contre ses auteurs; parce que les hommes ne vivent pas seulement du doit et de l'avoir, du droit et du devoir mathématiquement calculés, mais aussi un peu de la confiance des uns dans les autres, de sympathies échangées, de charités de toutes sortes, aussi bien dans le langage que dans les choses de la vie, de respect et de dévouement réciproques, aussi bien que de dignité personnelle et d'instinct de conservation.

Si l'on se donnait la peine de remonter à l'histoire de notre droit, base de l'ordre social inauguré il y a cent ans, l'on verrait qu'au jour de ses plus ardentes et plus violentes revendications, la Convention elle-même, n'a pas considéré d'autres bases, et qu'elle a fait de la liberté des contrats, de l'égalité devant la loi la pierre angulaire de l'édifice qu'elle a construit.

L'acte constitutionnel du 24 juin 1793, déclare que les gouvernements sont institués pour garantir à l'homme la jouissance de ses droits naturels et imprescriptibles, savoir : l'égalité, la liberté, la sûreté, la propriété. La société consiste, suivant elle, dans la protection accordée à chacun des membres de la société pour la conservation de sa personne, de ses droits et de sa propriété. Les partisans du socialisme d'Etat, laissent donc loin derrière eux cette formule.

Je n'ai pas à nier, je ne nie pas le mal ni la situation précaire que crée l'accident à l'ouvrier. J'ai, autant que personne, l'occasion de le connaître et autant que personne, je sais le déplorer; le spectacle de quelques invalides du travail sollicitant la charité publique me navre autant qu'un autre, mais ce n'est pas une raison pour me laisser aller à quelques chimériques remèdes qui ne peuvent qu'apporter la désillusion et irriter ceux mêmes que l'on désire sauver ! Ne venons-nous pas de voir proposer au Parlement, après une demande de l'Etat assureur, dé faire l'Etat directeur général et monopoleur de la charité publique !

« On veut toujours voir dans l'Etat, dit Thiers, non la masse des contribuables, mais quelques riches, qui tous réunis ne fourniraient pas même un budget par le sacrifice entier de leurs biens, et alors on raisonne à l'aise. On dit que ce n'est pas un mal de procurer à leurs dépens à de pauvres ouvriers, les moyens de réaliser quelques bénéfices. »

Rappelons aussi ce dilemne déjà développé : ou l'Etat est assureur pour toutes les catégories, ce qui est un peu plus équitable, mais impraticable, ou l'Etat n'est assureur que pour deux ou quelques catégories, comme on le demande, alors c'est un peu moins absurde mais c'est plus injuste. Et, en fin de compte, vous arriverez toujours à cette question qui est le résidu de l'analyse : l'ouvrier a-t-il oui ou non droit à l'assurance ? Si vous me répondez oui, prouvez-le et prouvez-moi ensuite pourquoi moi je n'y aurais pas droit. Quand les hommes se sont réunis en société, ils ont certainement, implicitement décidé que tous auraient les mêmes droits.

Les droits sont ou ne sont pas ; ils sont pour tous ou ne sont pas; car, si vous voulez décharger des classes, vous fonderez une singulière aristocratie, l'aristocratie des ouvriers de manufactures possédant un moteur !

Vous n'avez qu'une réponse raisonnable à me faire, c'est que cette assurance universelle vous ne pouvez la faire, que c'est impossible, que l'Etat ne peut donc y être obligé, mais qu'il doit faire du mieux qu'il peut. Mais faire du mieux possible, ce n'est pas reconnaître un droit, c'est faire acte de bienfaisance, et l'Etat a le devoir d'exercer cette bienfaisance, dans les limites de ses ressources, mais sans violer les principes immuables sur lesquels la société repose. Donc, s'il n'y a pas droit de l'ouvrier à l'assurance, il ne peut y avoir obligation par le patron à payer cette assurance et encore moins pour la masse des contribuables et pour l'Etat de se porter cautions.

Ainsi de quelque façon qu'on retourne ce problème, la même solution apparaît, et cette solution est la liberté, c'est à dire l'initiative privée. Mais qu'on veuille bien y prendre garde, je n'ai pas voulu invoquer l'égoïsme inactif, l'indifférence pour cette situation intéressante et digne de toute attention et de toute justice que l'accident fait au travailleur, je réclame la sage et froide application de l'équité, la recherche du remède exempt de tout esprit de parti, le discernement ému mais raisonné du vrai et de l'utopie, et le libre exercice de la fraternité.

M. A. Lefebvre, ancien magistrat a dit : Le Parlement est saisi de propositions de lois nées de préoccupations respectables, sans doute, mais n'ayant rien de juridique. Une vague sentimentalité, un désir de faire quelque chose en faveur des petits, des déshérités, bien plus que la saine raison et l'intérêt social, ont donné naissance à ces propositions qui renversent toutes les notions du juste et de l'injuste, et qui, très vraisemblablement auront des conséquences funestes pour ceux qu'on se promet de secourir. »

Notre travail n'est que la paraphrase bien faible de cette énergique conclusion du savant jurisconsulte.

Telle était notre pensée en 1881, telle elle reste encore plus forte que jamais, affermie par l'expérience de ces discussions où chaque jour la raison révèle quelque détail nouveau que l'ardeur des premiers jours avait fait négliger.

Pour nous, la solution est dans la liberté : c'est-à-dire dans l'assurance facultative et dans les associations préventives contre les accidents, quant au remède ; et dans une procédure sommaire donnant des garanties équivalentes aux patrons et à l'ouvrier, quant à la réparation civile. Est-ce à dire que l'assurance telle qu'elle est pratiquée par les compagnies, a donné tout ce qu'on est en droit d'attendre de ce principe fécond? assurément non, mais la pratique et la liberté peuvent seuls y apporter des progrès, et ces progrès demandent du tact, de la volonté, et une connaissance parfaite de cette matière complexe, toutes conditions que ne remplit pas l'Etat. L'assurance est une force sociale, morale, économique, administrative et financière, comme le dit M. Chaufton; il est évident que l'Etat ne peut s'en désintéresser, mais son rôle doit se borner à surveiller la moralité des affaires, à empêcher les abus, en un mot à laisser libre l'initiative privée, au lieu de la gêner en lui faisant une injuste et stérile concurrence.

www.ingramcontent.com/pod-product-compliance
Ingram Content Group UK Ltd.
Pitfield, Milton Keynes, MK11 3LW, UK
UKHW021148220726
13924UKWH00003B/1063

9 782019 215309